Clemens Sedmak
Christine Unterrainer

Leid verstehen

Clemens Sedmak
Christine Unterrainer

Sankt Ulrich Verlag

Bibliographische Information der Deutschen Bibliothek

Die Deutsche Bibliothek verzeichnet diese Publikation in der
Deutschen Nationalbibliographie; detaillierte bibliographische Daten
sind im Internet über http://dnb.ddb.de abrufbar.

© 2010 by Sankt Ulrich Verlag GmbH, Augsburg
Alle Rechte vorbehalten
Umschlagbild: akg-images / Electa
Umschlaggestaltung: uv media werbeagentur
Mediengruppe Sankt Ulrich Verlag, Augsburg
Druck und Bindung: Freiburger Graphische Betriebe, Freiburg
Printed in Germany
ISBN 978-3-86744-141-4
www.sankt-ulrich-verlag.de

Inhalt

Vorwort

Leiden betrifft uns alle. In verschiedenen Formen, zu verschiedenen Zeiten. Wir leiden an vielem, immer wieder auch an uns selbst. Wir leiden. Immer wieder auch unerwartet. Und wir sehen, dass das Leiden nicht „gerecht" verteilt ist. Wir sehen keine Ordnung in der Erfahrung des Leidens. Wir kämpfen nicht nur mit dem „Wie", sondern vor allem auch mit dem „Warum". Warum ich? Warum dieses Leiden? Warum gerade jetzt?

Dieses Buch will diesen Fragen eine „Richtung" geben. Wir werden keine Antworten darlegen, aber Wege aufzeigen — um damit Mut zu machen, mit Leid zu leben — oder auch: angesichts von Leiden leben zu lernen.

Das Buch ist ein gemeinsames Werk, das aus vielen Gesprächen hervorgegangen ist. Dennoch bleibt in jedem Kapitel die Autorin (Christine Unterrainer) bzw. der Autor (Clemens Sedmak) kenntlich. Das hat mit den unterschiedlichen Erfahrungen zu tun: Christine Unterrainer ist Historikerin und hatte ihr Leben lang in einer Bibliothek mit Büchern zu tun; sie hat vor einigen Jahren ihren Ehemann an einer Krankheit verloren und musste auch ein Enkelkind begraben. Sie schreibt von dieser Lebenserfahrung, von dieser Leseerfahrung und vom Zurückfinden ins Leben nach Schlägen des Schicksals. Clemens Sedmak ist Philosoph und Theologe, er macht sich Gedanken über Zusammenhänge und versucht, die geistige Tradition mit dem konkreten Alltag zu verbinden. Seit etwa fünf Jahren beschäftigt ihn das Thema „Leiden", weil er nach einer beruflichen Entscheidung einiges davon gespürt hat.

Clemens Sedmak hat die ersten drei Kapitel, das Kapitel über den Sinn von Leiden und das Abschlusskapitel geschrieben. Christine Unterrainer hat die Kapitel über Tod, Partnerverlust, Trauerzeit, Kindertotenlieder verfasst – und den Abschnitt über „das Leben wählen".

Die Autorin und der Autor hoffen, dass diese Gedanken Hilfe sein können, „Ja" zum Leben zu sagen, auch wenn das Leben Schmerz bereitet und das „Ja" nicht leicht fällt. Es gibt das Tragende: Sowohl Christine Unterrainer als auch Clemens Sedmak finden – unabhängig voneinander – zu den Schlusssätzen: „Liebe ist das Einzige, was zählt" (Christine Unterrainer) bzw. „Das Bleibende stiftet stets die Liebe" (Clemens Sedmak).

Mit diesem Vertrauen auf die Kraft der Liebe soll dieses Buch an die Leserin und den Leser gegeben sein.

Der Dank der Autorin und des Autors gilt Peter Paul Bornhausen vom Sankt Ulrich Verlag, auf dessen Anregung dieses Buch zurückgeht. Peter Paul Bornhausen hat Geduld bewiesen und tapfer dem Leiden an verstrichenen Abgabeterminen die Stirn geboten. Herzlichen Dank!

Leiden –
Annäherungen an einen Begriff

*D*IE SÜDTIROLERIN PETRA KUNTNER IST IM MAI 1986 sechzehnjährig an einem Krebsleiden, das sie vier Jahre lang begleitet und gequält, geformt und verändert hat, gestorben. Ihre Eltern und ihre Schwester waren nicht nur Zeugen eines Leidens, das von Schmerz und Ungewissheit, Angst und Lebensverengung geprägt war; sie waren auch selbst Leidende, mussten hilflos zusehen, wie die Lebensflamme von Petra immer kleiner wurde. Alle mussten mit den offenen Fragen, die auch der Glaube nicht beantworten kann, leben. In einem Gespräch mit Schülerinnen der Krankenpflegeschule in der Marienklinik von Bozen im April 1986 erzählte Petra von ihren Fragen: „Wenn ich oft so furchtbare Schmerzen gehabt habe, so war ich auch manchmal im Konflikt mit dem Himmel, mit Gott: Warum schickst Du mir das? Was habe ich getan? Was kann ich dafür?"[1] Auch Petras Eltern und ihre Schwester mussten mit diesen offenen Fragen leben, in durchwachten Nächten, in vielen Fahrten zum Krankenhaus. Warum?

Die Frage nach dem Warum bohrt sich in uns hinein. Sie ist ein Stachel, der uns daran hindert, gleichgültig zu werden. Sie quält auch uns, die wir Zeugen und Zeuginnen des Leidens anderer sind. Leiden an Ohnmacht und Hilflosigkeit ist auch Teil des Leidens am Leiden. Die Frage nach dem Warum bohrt sich wie ein Stachel neben die Qual von Schmerz und Einschränkung in die Welt eines Menschen, der leidet. Leiden ist eine Erfahrung von Fremde. Der Begriff „Leiden" hängt mit dem Wort „lîdan" (in die Fremde ziehen) zusammen. Ein Mensch, der leidet, muss eine vertraute Welt verlassen, er fühlt sich fremd in einer neuen Welt, die ihn verunsichert, die Angst einflößt. Eine Leidenserfahrung ist vergleichbar mit der Erfahrung eines Exils. Eine Alltagswelt bricht zusammen. Petra musste immer wieder die Schule verlassen; sie versäumte die Hälfte des Schuljahres 1982/1983; im Herbst

1985 kehrte sie für acht Tage in die Schule zurück, es sollten ihre letzten Schultage sein. Die Alltagswelt mit ihren Strukturen und ihren Vertrautheiten geht wie nach der Reise in ein fremdes Land verloren; freilich: Es ist keine Urlaubsreise, die ausbrechen lässt aus dem vielleicht belastenden Alltag, es ist ein erzwungener Aufbruch, der den Halt des Vertrauten aufgeben muss. Ein Leidensweg stellt sich häufig wie eine Exilsituation als Erfahrung von Orientierungsverlust und Ratlosigkeit dar; als Erfahrung von Weltverlust und Einbuße des Alltags; als Vertrauensverlust, als Verlust des Vertrauens in den eigenen Körper und in die eigene Welt. Lebenssicherheit schwindet, neue Lebenssicherheiten müssen mühsam erarbeitet werden. Im Leiden findest du dich „auf der anderen Seite des Lebens" wieder, getrennt vom Leben, wie es sein sollte, und keine Brücke kann diese Kluft einfach schließen.[2] Der leidende Mensch weiß sich mitten im Leben im Exil, in einem Zwischenraum, einer Schwelle zwischen einem „Nicht mehr" und einem „Noch nicht". Dieser Schwellenzustand ist ein Exil. Ein Exil ist ein erzwungener Neuanfang unter widrigen Bedingungen. Im Exil gelten die alten Regeln nicht mehr; Dietrich von Hildebrand, um ein Beispiel zu nennen, war wohlbestallter und hochangesehener Universitätsprofessor in Wien, flieht vor den Nazis und kommt mittellos in New York an, wo er ein ganz neues Leben beginnen muss. Alte Rollenzuschreibungen, Statusvergewisserungen, Selbstverständnisse lösen sich auf. Es ist, als sei die Währung, in der man für die eigene Identität bezahlt hat, entwertet worden. Man muss sich an eine neue Währung anpassen.

Ein Leben im Exil ist ein Leben „als Fremder". Exil bedeutet vertrauten Boden verlassen und Neuland betreten zu haben. Der Exodus, der uns ja auch aus der Heiligen Schrift vertraut ist, ist nur in wenigen Fällen freiwillig. Leiden wie Exil nehmen Lebenssicherheit. Lebenssicherheit, das ist das Vertrauen, dass die Welt eine einigermaßen stabile Ordnung hat, dass uns diese Ordnung im großen und ganzen bekannt ist, dass wir innerhalb dieser Ordnung mit Sicherheit handeln können – wir können Ziele verfolgen und die entsprechenden Mittel wählen; wir können darauf vertrauen, dass das Vertraute hält, dass die Versprechen, die die Ordnung der Welt auf Zukunft hin abgibt, auch halten. Gleichzeitig wissen wir, dass das Leben mit seinen Ordnungen zerbrechlich ist. Ein Augenblick kann alles verändern. Ein unbedachter Moment im Straßenverkehr, ein Telefonanruf, der eine Nachricht übermittelt, das Ertasten eines Knotens … unser Leben ist in seinen Strukturen zerbrechlich. Wir sind Gäste auf Erden, gewissermaßen „Fremdlinge". George Steiner hat dies einmal sehr deutlich ausgedrückt: „Wir alle sind Gäste des Lebens. Das Sein ist unser Gastgeber. Wir sind vom Leben eingeladen. Niemand hat ein Recht, geboren zu sein. Jeder ist Gast im mysterium tremendum des Lebens … Leben heißt, eine willkürliche Gabe in Empfang nehmen."[3] Wir sind Gäste auf Erden, durchaus auch vergleichbar mit bestimmten Strukturen von Exil, und müssen deswegen mit einem gewissen „Überschuss an Fremdheit" zurechtkommen. Wir ragen aus der Welt heraus, passen nicht genau hinein. Dieses „Herausragen aus der Welt" hat die Philosophie, vor allem auch die Existenzphilosophie immer wieder beschrieben. Der Mensch ist „exzentrisch", er lässt sich nicht einordnen in die Welt, ist ein Fremdkörper, „steht ab", „steht heraus", „steht vor"… Das Leiden macht diese Fremdheit, die der Erfahrung von Nestwärme und Behaglichkeit entgegengesetzt ist, noch deutlicher. Wir könnten es auch so sagen: Im Leiden spricht die Wirklichkeit in der Sprache des Fremden zu uns. Wir werden daran erinnert, dass wir nicht ganz „dazugehören", nicht ganz „hineingehören", in eine Welt, in der eben nicht alles ist, wie es ist, und in der eben nicht alles geschieht, wie es geschieht. Denn wir werden von Fragen gequält, die sich wie offene Wunden nicht schließen lassen. Und diese Fragen prägen uns.

Die Erfahrung von Leiden

Leiden ist eine Erfahrung, in der wir uns notwendigerweise auch als passiv, als geformt erfahren; wir sind Empfangende einer Veränderung, die uns widerfährt. Leiden erscheint vor allem auch deswegen als nicht wünschenswert, weil wir es gewohnt sind, die meisten Aspekte unseres Menschseins als kontrollierbar anzusehen. Wenn wir vom Aktiven ins Passive gedrängt werden, leiden wir, erleiden wir „etwas". Wir erleiden eine Veränderung. Leiden ist einerseits dieser Prozess der Veränderung, andererseits Ergebnis und Konsequenz einer solchen Formung. Diese Worte klingen nüchtern und werden den himmelschreienden Wirklichkeiten von Leiden nicht gerecht. Aber der Schritt zurück, der abstandnehmende Blick auf das menschliche Leiden und eine nüchterne Sprache können hilfreich sein – ähnlich wie eine nüchterne Hebamme bei einer Geburt ein wahrer Segen sein kann. Nähern wir uns also auf diese Weise dem Begriff des Leidens an:

Wir Menschen leiden, wenn wir eine schmerzhafte Einschränkung erfahren – unser Spielraum wird von uns als enger erfahren, der Lebenshorizont, in dem wir Kontrolle ausüben können, wird kleiner. Leiden ist die Erfahrung von Kontroll- und Gestaltungsverlust. Dieser Kontrollverlust im Leiden ist häufig mit Unberechenbarkeit und Unausschöpfbarkeit verbunden – wir können nicht vorhersagen, wie sich ein Leidensweg entwickeln wird; wir stoßen an sprachliche Grenzen, wenn wir dem Leiden Ausdruck verleihen wollen; wir können das Leiden kaum „messen" und „kalkulieren", es bleibt fremd. Leiden führt häufig zu einer Fragmentierung, zur Erfahrung nämlich, dass ein bestimmter Aspekt unseres Lebens alle anderen Aspekte des Lebens überwältigt, besetzt oder auch in Geiselhaft nimmt. Wenn ich an einem Tag an Migräne leide, bestimmt diese Migräne den gesamten Tagesablauf; ich erfahre mich als „von einem Fragment meines Daseins" bestimmt. Leiden zerstückelt die Selbstwahrnehmung und den Lebensfluss, weil wir uns nicht in Ganzheit und

Integrität wahrnehmen, sondern über einzelne dominierende Aspekte, die von uns Besitz ergreifen. In gewisser Weise ist Leiden die Erfahrung jenes Leidens, das in der biblischen Mythologie mit dem Sündenfall beschrieben wird – im Buch Genesis wird davon erzählt, wie Eva und Adam aus der Ebene des unmittelbaren und unreflektierten Erlebens herausfallen und eine Erfahrung von Distanz zu sich selbst machen. Dies wird mit dem schlichten Satz ausgedrückt: „Da gingen beiden die Augen auf, und sie erkannten, dass sie nackt waren" (Gen 3,7). Hier bohrt sich eine Selbstwidersprüchlichkeit in die menschliche Daseinssituation. Das Schämen ist Ausdruck für diese Kluft zwischen „Sein" und „Sollen". Diese Kluft begleitet Menschen, die leiden. Leiden lässt uns vielfach einen Widerspruch erfahren – einen quälenden Widerspruch zwischen der Weise, wie die Welt ist, und der Weise, wie die Welt unseres Erachtens nach sein soll, oder auch: zwischen unserem Dasein und der Erwartung, das an unser Dasein von außen herangetragen wird. Leiden führt zumeist auch zu einem veränderten „Bilanzbuch" des Lebens – unser „Konto mit der Welt" verändert sich, die Anteile von Schuld und Abhängigkeit nehmen zu, die Anteile von Gestaltung und Verantwortung scheinen abzunehmen. Der leidende Mensch, der in eine Conditio des Angewiesenseins gleitet, erfährt sich in stärkerer Weise als Schuldner und nicht mehr als Gläubiger der Welt. Leiden ist auch eine Vertreibung aus dem Paradies, wo Menschen in Einklang mit sich selbst leben konnten. Leiden führt im Verbund mit der angesprochenen Fragmentierung auch zu einer Entfremdung – manche Menschen sind im Leiden nicht mehr wiederzuerkennen, sie sind sich auch selbst fremd geworden. Das hängt mit der eben angesprochenen Exilerfahrung zusammen; Leiden ist eine Reise in ein fremdes Land. Und dieses fremde Land ist kein Land, in dem wir uns willkommen fühlen; wir sind als „Fremde" in diesem Land. Wir fühlen uns unerwünscht, da in der Regel der Aufenthalt in diesem Land unerwünscht ist. Wenn ein Mensch die Wahl zwischen Leid oder Nichtleid hat, wird er die Leidvermeidung wählen, es sei denn, starke Gründe sprechen dagegen. Maximilian Kolbe hat den Weg in den Hungerbunker gewählt, Dietrich Bonhoeffer ist freiwillig in das unsichere Deutschland der Nazizeit zurückgekehrt – weil sie starke Gründe hatten. Und diese Gründe waren stärker als die Widrigkeiten, die sie auf sich zu nehmen bereit waren.

Leiden, Schmerzen, Widrigkeiten

Leiden ist unwillkommen, weil es mit Schmerz einhergeht. Schmerz wiederum ist eine unerwünschte und alles durchdringende Conditio, die von uns Besitz ergreift. Denken wir an Zahnschmerzen. Wenn wir an Zahnschmerzen leiden, schiebt sich dieser Schmerz in den Vordergrund, drängt sich uns auf, erzwingt Aufmerksamkeit, stellt sich in den Mittelpunkt unseres Lebens und lässt uns kaum Kraft, uns mit etwas anderem zu beschäftigen. Schmerz entwickelt einen „Sinn für Dringlichkeit", lässt sich nicht abweisen. Ich kann zu meinen Zahnschmerzen nicht sagen: „Jetzt passt es mir gerade nicht, kommt morgen früh wieder, wenn es sein muss".

Schmerzen sind häufig mit unserer Körperlichkeit verbunden. In der Philosophie unterscheiden wir mitunter zwischen „Körper" und Leib", wobei der Leib als körperliche Verfasstheit des In-der-Welt-Seins zu verstehen ist. Es ist der Leib, der leidet, nicht bloß der Körper. Der französische Philosoph Maurice Merleau-Ponty hat darauf hingewiesen, dass „Leiblichkeit" mit „Perspektivität" verbunden ist, mit einer bestimmten Art, die Welt zu sehen. Der Umstand, dass Menschen klein, kurzsichtig, schwerhörig, übergewichtig, querschnittgelähmt sein können – prägt die Selbstwahrnehmung, prägt die Wahrnehmung der sozialen Welt, prägt auch die Art und Weise, wie Menschen wahrgenommen und behandelt werden. Leiblichkeit ist deswegen auch eine Erfahrung eines gewissen Geformtwerdens. Ein Mensch, der Schmerzen leidet, nimmt sich in einer bestimmten Weise wahr und wird auch von anderen Menschen in einer bestimmten Weise wahrgenommen. Freilich sind wir unserem Körper nicht hilflos ausgeliefert, wir sind nicht nur passive Opfer von Leiblichkeit, sondern haben auch Verantwortung und einen Spielraum. Basileius erinnert uns daran, dass wir die Verantwortung haben, den Körper als „würdige Wohnstatt" für die Seele zu bereiten; Cyrill von Jerusalem lädt uns ein, den Körper nicht als „Fremdling" zu sehen und nicht wie „ein fremdes Gewand" zu behandeln.[4] Das ist ein schönes Bild für die Einladung zur verantworteten Leiblichkeit, die wir auch formen können. Wir sind dem Schmerz nicht nur passiv ausgeliefert. Das Lokalisieren und Benennen von Schmerz ist beispielsweise ein erster wichtiger Schritt auf dem Weg, der Lebenssicherheit zurückgewinnen lässt. Petra Kuntner berichtet, dass es für sie eine der schwersten Zeiten war, als die Diagnose noch nicht erfolgt war: „Es hat sehr lange gedauert, bis man herausgefunden hat, was mir eigentlich fehlt. Man hat anfangs nichts an Auswirkungen der Krankheit gesehen. Es hat Monate gedauert, und niemand hat etwas herausgefunden. Und ich habe immer starke Schmerzen gehabt ... Diese Zeit war viel schlimmer als die nachherige Zeit, in der ich gewusst habe, was mir fehlt, denn ich habe wahnsinnige Schmerzen gehabt, und jeder Arzt hat gesagt, er finde nichts."[5]

Schmerzen sind Erinnerungen an das Leben, weil sie von einer Welt von Empfindungen und Empfindsamkeit erzählen, einer Welt von Grenzen und Strukturen, wo eben nicht jede Erfahrung auf derselben Ebene liegt. Menschen, die keinen Schmerz empfinden können, leben gefährlich – und sind gefährlich. J. M. Coetzee schildert in seinem Text *Warten auf die Barbaren* einen Folterknecht, der sich durch Schmerz anderer nicht rühren ließ und auch die grausamsten Akte ohne Schmerzregung ausführen konnte. Daraus würde denn auch folgen, dass Leidensfähigkeit tatsächlich als „Fähigkeit" angesehen werden kann, als ein Vermögen, das mit erfülltem menschlichem Leben zusammenhängt. Immanuel Kant beschreibt in seiner Anthropologie den Schmerz als notwendige „Hemmung der Lebenskraft", als „Stachel der Tätigkeit", als „Hindernis des Lebens". Schmerzen sind einerseits notwendig für das menschliche Glück und die Gesundheit, da es nach Kant irrig ist, die Gesundheit für kontinuierlich gefühltes Wohlbefinden zu halten, da dieser Zustand „doch nur aus ruckweise (mit immer dazwischen eintretenden Schmerz) einander folgenden angenehmen Gefühlen besteht."[6] Schmerz ist auch notwendig für das menschliche Leben, weil er zum Handeln hinlenkt, weil er zur Tätigkeit motiviert, die ja eine Veränderung herbeiführen möchte – und wenn Menschen die Notwendigkeit von Veränderung nicht einsehen, fehlt ihnen das Fundament für das Tätigwerden. Andererseits ist Schmerz eine Schwächung des menschlichen „Ja" zum Leben; Schmerz ist eine Einschränkung von Lebensmöglichkeiten.

Wenn man Glück als „Ja" zum Leben versteht, dann steht Leiden diesem Glück auf den ersten Blick klar entgegen. Doch diesen Gedanken kann man etwas genauer prüfen: Wir könnten verschiedene Formen von Glück unterscheiden[7]: Das *Wohlfühlglück* ist ein Gefühl von Behaglichkeit und Bequemlichkeit; das *Anstrengungsglück* ist das nach Mühen und mit Aufwand erkämpfte Glücksgefühl; das *Redlichkeitsglück* ist das mit Achtung und Selbstachtung verbundene Glück von Menschen, die etwas Wichtiges getan haben und bereit sind, auch einen hohen Preis dafür zu zahlen; das *Weisheitsglück* ist das Glück von Menschen, die über Orientierung und die Klarheit verfügen; das *Gnadenglück* ist das Glück, das sich einstellt, wenn unerwartet etwas Schönes „zufällt". Diese fünf Formen des Glücks lehren zweierlei über das Verständnis von Leiden: Zum einen sind gerade Anstrengungsglück und Redlichkeitsglück mit der Erfahrung von „Widrigkeiten" und „Lebenshindernissen" verbunden (was Kants Idee, dass das Glück nicht ein ununterbrochenes sein kann, bestärkt); zum anderen lassen sich anhand dieser Glücksunterscheidungen verschiedene Formen von Leiden auseinanderhalten: Hier gibt es das Leiden, das dem Wohlfühlglück entgegensteht (Schmerz, Unbequemlichkeit); das Leiden, das sich dem Anstrengungsglück verweigert (Trägheit, Selbstgefälligkeit); das Leiden, das das Redlichkeitsglück verhindert (Gleichgültigkeit, Feigheit, Selbstsucht); das Leiden, das sich gegen das Weisheitsglück richtet (Ignoranz, Verwirrung, Borniertheit); das Leiden, das sich dem Gnadenglück verweigert (Undankbarkeit, Überheblichkeit). In dieser Weise lässt sich der Gedanke entfalten, dass Glück „Nahrung für die Seele" ist, die „Ja zum Leben" sagen lässt, während Leiden in manchen Fällen mit Krankheiten der Seele zu tun haben, die einem „Ja zm Leben" entgegenstehen. Leiden tritt in vielen Formen auf, als stilles Leiden und als lautes Leiden, als kurzes Leid und als chronisches Leid, als „Leiden an äußeren Umständen", als „Leiden an anderen", als „Leiden an sich selbst", als „Leiden an der Vergangenheit", als „Leiden aus der Zukunft"...

Leiden und Identität

Eine etwas systematischere Analyse des Begriffs von „Leiden" würde vielleicht sagen: Ein Mensch leidet an etwas (oder erleidet etwas) auf der Basis von bestimmten Gründen. Unschöner ausgedrückt: X leidet an Y aufgrund von Z. Auf diese Weise kann man zwischen einem Leidenssubjekt („Wer leidet?"), einem Leidensgegenstand („Woran leidet x?"; „was erleidet x?") und einem Leidensgrund („Warum leidet x?") unterscheiden. Diese Analyse könnte man noch ausweiten, wenn man darüber hinaus die Art und Weise des Leidens (Intensität, Dauer, Art) im Sinne der „Leidensweise" und die bestimmte Situation, die den Rahmen für die Leiderfahrung abgibt (den Leidenskontext, die Leidenssituation), in den Blick nimmt. Da ist ein Subjekt, das leidet – ein einzelner Mensch, eine Familie, ein ganzes Volk, die Menschheit oder auch ein Tier, eine Pflanze. Da gibt es die Art des Leidens – eine Krankheit, Schmerzen, eine Enttäuschung, Unzufriedenheit, Scham und Beschämung, Ausschluss aus der Gemeinschaft,

Erniedrigung; da gibt es den Grund des Leidens – unsere Körperlichkeit, unser Stolz, unsere Erwartungen, unsere Liebe zu Menschen, unsere Angst. Darüber hinaus können wir die Leidenssituation näher ansehen – leidet ein Mensch allein oder wird er unterstützt? Leidet ein Mensch das erste Mal an einer bestimmten Erfahrung oder hat er schon eine „Geschichte des Leidens"? Die Leidenssituation wird auch durch den Blick auf die Weise des Leidens erhellt: Menschen können heftig oder weniger heftig leiden, sie können vorbereitet oder auch nicht vorbereitet sein, sie können Hoffnung haben oder die Hoffnung verloren haben. Mit diesen einfachen Fragen „Wer leidet woran warum und wie?" lässt sich das Phänomen des menschlichen Leidens annähern, um Anhaltspunkte für Einordnung und Verständnis zu gewinnen; und das Verständnis der eigenen Situation ist ein wichtiger Schritt auf dem Weg zum „Leben mit dem Leiden".

Das eigene Leiden zu verstehen, bedeutet auch: sich selbst zu verstehen. Die Gründe des Leidens sagen etwa viel über uns aus. Leiden hat mit der Identität von Menschen zu tun. Leiden stellt eine Bedrohung der Integrität, der Ganzheit und der Unversehrtheit von Menschen dar. Leiden raubt Lebensmöglichkeiten, kann aber andererseits auch ein Antrieb zum Handeln sein. Mit diesem Gedanken muss man jedoch vorsichtig sein, denn Leiden macht auch müde. Diese Erfahrung von Ermüdung und Kraftlosigkeit war die Erfahrung von C. S. Lewis: In seinen Notizbüchern nach dem Tod seiner geliebten Frau Joy beschreibt der englische Schriftsteller die Erfahrung der Trauer, das Leiden am Verlust. Die Welt hat ihre „Frische" eingebüßt, es sind Konturen und Strukturen verlorengegangen. Lewis schreibt über das permanent provisorische Gefühl, mit dem er nun lebt, ein Gefühl, das ihm die Kraft nimmt, irgend etwas anzupacken.[8] Die Welt wirkt abgetragen, abgeschmackt. Sie hat die Fähigkeit herauszufordern, zu überraschen, ihre Frische und Tiefe verloren. Trauer macht müde. Lewis schreibt von der Trägheit, die sich durch die Trauer einstellt. Der Verlust eines geliebten Menschen nimmt Kraft. Der kleinste Schritt wird zu mühsam, jede Anstrengung wird zuviel.

Gleichzeitig ist Leiden wie ein Schlag, wie eine harte Berührung durch die Wirklichkeit, wie ein Kontakt mit widriger Realität, der wir uns nicht entziehen können; diese Berührung sagt etwas über uns selbst aus und zwingt uns zu einer Entscheidung darüber, wie wir weiter leben wollen. In diesem Sinne erzwingt das Leiden eine Entscheidung. Wir müssen unseren Sinn für Prioritäten und unseren „Sinn für Selbstverständlichkeiten" prüfen. Mehr noch: Wenn Menschen leiden, sind sie gezwungen, ihre Identität neu zu bedenken. Leiden ist eine Bedrohung des Selbst.[9] Leiden ist ein Angriff auf die eigene Integrität, auf die eigene Ganzheit und Unversehrtheit. Diese grundlegende Anfrage an das Selbstsein, das Leiden erzwingt, ergibt sich aus den verschiedenen Dimensionen des Leidens: (i) Leiden geht mit körperlicher Veränderung einher; (ii) Leiden beeinflusst und beeinträchtigt zwischenmenschliche Beziehungen; (iii) Leiden lässt eine Kluft zwischen „Selbstbild" und „Welterfahrung" aufkommen; (iv) Leiden lässt uns aus dem Handlungsfluss herausfallen und uns von der Wirklichkeit getrennt fühlen. Durch diese Mehrdimensionalität kann das Leiden Identität und Sinn bedrohen. Leiden hat die Kraft, sämtliche Aspekte unserer Identität zu bedrohen, zu beschädigen oder auch zu zerstören:

Denken wir an die Geschichte von Fina Kamara, die Michael Jackson berichtet hat.[10] Fina Kamara war eine junge Kuranko-Frau in Sierra Leone. Michael Jackson traf sie in einem Lager in Sierra Leone nach dem Bürgerkrieg. Eines Tages waren die Rebellen in ihr Dorf gekommen, sie töteten viele Menschen und nahmen dann Messer zur Hand. Sie nahmen Damba, die sechsjährige Tochter von Fina Kamara, und schnitten ihr die Hand ab. Dasselbe taten sie bei allen anderen. Sie wollten sie dafür bestrafen, dass sie bei den Wahlen gewählt hatten. In Fina Kamaras Worten: „Wir waren gewöhnliche Menschen, wir waren Bauern, wir hatten nichts mit der Regierung zu tun. Immer wenn ich darüber nachdenke, wie sie meine Hand abgeschnitten haben, die Hand meiner Tochter, fühle ich mich sehr schlecht." Fina Kamara leidet – nicht nur jeden Tag. Sie braucht nur einen Blick auf ihren Körper zu werfen und wird wieder in ihr Leid geworfen. Fina Kamara ist nun nach einer wahren Odyssee durch Dörfer, den Busch, Krankenhäuser und Bürgerkriegsopfercamps von ihrer Tochter getrennt, die zu medizinischen Zwecken ausgeflogen wurde. Sie lebt in einem Lager und hofft, eines Tages ihre Tochter wiedersehen und in ihr Dorf zurückkehren zu können. Das Leiden dieser jungen Mutter kann nicht mit schönen Worten oder symbolischen Gesten geheilt werden. Dieses Leiden hat ein persönliches Gesicht, aber auch ein politisches Gesicht. Fina Kamaras Geschichte ist eine unter vielen Geschichten menschlichen Leidens, wie sie ein Krieg hervorbringt. Wenn man es wagt, näher hinzuschauen, hat man, wie Michael Jackson schreibt, das Gefühl, ein Eindringling, ein Voyeur zu sein; und durch dieses Gefühl hindurch zeigt sich das nüchterne und in manchem ausdruckslose Gesicht Fina Kamaras, die von ihrem Leiden gezeichnet ist – und Menschen, die von ihrem Leiden auf einer tiefen und echten Ebene erfahren, mit ihrem Leiden zeichnet. Hier zeigen sich auch die Gesichter des Leidens am Leiden; der rechte Umgang mit Leiden ist stets auch ein Kampf gegen die Gleichgültigkeit, die Menschen von Menschen trennt. Leiden ist wie eine offene Wunde menschlicher Identität. Leiden hat etwas Unabgeschlossenes, Unauflösbares an sich, das sich einer sauberen Einordnung, einem „Abarbeiten" entgegenstemmt. Leiden bedroht die Ganzheit und Integrität der Person und macht deswegen das „Ja" zum Leben schwerer.

CLEMENS SEDMAK

Gesichter des Leidens

*L*EIDEN HAT VIELE GESICHTER: DAS LEIDEN EINES
ehrgeizigen Menschen, der bei einer Beförderung über-
gangen wird; das Leiden eines Politikers, der bei einer Lüge
ertappt wird; das Leiden einer Sportlerin, die ihre vielver-
sprechende Karriere verletzungsbedingt frühzeitig beenden
muss; das Leiden eines Menschen, bei dem eine Krankheit
diagnostiziert worden ist; das Leiden eines Menschen, der
seinen religiösen Glauben verloren hat; das Leiden eines alten Menschen, der wehmütig am Ende des Lebens steht und
weiß, viele Möglichkeiten im Leben nicht genutzt zu haben;
das Leiden eines Mannes, der in alkoholisiertem Zustand ein
Kind überfahren hat; das Leiden von Eltern, die ihr zu früh
geborenes Kind nach wenigen Tagen begraben müssen; das
Leiden eines Kindes, das mit der Demenz der Mutter leben
lernen muss; das Leiden der wenigen Überlebenden in einem
Dorf in Ruanda, die Zeugen eines Blutbads sind und bleiben
werden; das Leiden des Vietnamveteranen, der noch Jahrzehnte nach dem Krieg an die von ihm verübten Unmenschlichkeiten denken muss; das Leiden einer Ehefrau, die von
ihrem Ehemann betrogen wird.

Leiden hat viele Gesichter. Manchem Leid können wir gar
nicht in die Augen sehen, weil es so unvorstellbar ist. Jonathan Glover, ein englischer Philosoph, hat in seinem Buch
Humanity Zeugnisse von unvorstellbarer Grausamkeit, von
schrecklicher Folter, von Ausbrüchen von Blutrausch im
Krieg zusammengetragen.[1] Wir können diesem Leid nicht in
die Augen sehen, ohne dass etwas in uns geschieht. Menschen, die feinfühlig sind und den Mut haben, menschlichem Leiden ins Gesicht zu sehen, werden dadurch verändert. Susan Sontag beschrieb an einer vielzitierten Stelle, wie
sie das erste Mal in ihrem Leben (sie war zwölf Jahre alt)
mit Fotografien der Konzentrationslager Bergen-Belsen und

Dachau konfrontiert war. Nichts in ihrem Leben zuvor hatte sie so scharf getroffen wie diese Fotografien. Es dauerte noch Jahre, bis sie verstand, was diese Fotografien zeigten. „Als ich diese Fotografien ansah, zerbrach etwas in mir". Susan Sontag fühlte sich unwiderrufbar verwundet, „etwas in mir starb", „etwas weint immer noch."[2] Hier hat unvorstellbares Leiden sein Gesicht gezeigt, und der Anblick dieses Antlitzes verändert. Aus diesem Grund ziehen wir es vor, solchem Leiden nur maskiert und verhüllt zu begegnen — indem wir uns als Beobachter maskieren, indem wir als Beobachter das Leid verhüllen, wie man aus Pietät einem Toten das Gesicht bedeckt; oder auch: indem wir das Leiden in ein eigenartiges Licht rücken, das der israelische Philosoph Avishai Margalit einmal „moralischen Kitsch" genannt hat.[3] Es gehört nicht nur Mut dazu, Leiden durchzustehen, sondern es erfordert auch Mut, dem Leiden anderer ins Gesicht zu blicken. Denken wir noch einmal an Petra Kuntner: Es ist eine Sache, selbst krank zu sein; und es ist eine andere Sache, als Mutter oder Vater oder Schwester mit der Krankheit eines geliebten Menschen leben zu müssen, dieser Krankheit, die den Menschen auffrisst und langsam tötet, ins Gesicht zu blicken.

Gesichtsvolles Leiden, bewohntes Leiden

Wenn wir tief in das Leid eines Menschen blicken, sehen wir, dass jede menschliche Leidenssituation ein eigenes Gesicht hat; und wir sehen, wenn wir genau hinschauen, in jeder Leidenssituation viele Gesichter des Leidens. Ich möchte ein Beispiel erzählen: Mein Schwiegervater war ein Bauer, der sein Leben lang hart und schwer gearbeitet hatte. Seine Lunge wurde im Lauf der Jahre schwer geschädigt, und als er sechzig Jahre alt war, konnte er nicht mehr körperlich arbeiten. Er fühlte sich dazu verdammt, zu Hause zu sitzen, und kam sich unnütz und überflüssig vor. In dieses Leiden wurde die ganze Familie hineingezogen, weil Unzufriedenheit – auch die Unzufriedenheit mit sich selbst und dem eigenen Leben – Kreise zieht. Das Leiden meines Schwiegervaters hatte viele Gesichter und wurde von vielen Menschen auf je eigene Weise mit-er-tragen. Meine Schwiegermutter litt am Leiden meines Schwiegervaters ebenso wie die Kinder, die ihre eigene Hilflosigkeit spüren mussten. Im Laufe der Monate und Jahre wandelten sich die Gesichter dieses Leidens – die Beziehung zu Gott und zur Kirche veränderte sich, weil mein Schwiegervater, wie er selbst sagte, das erste Mal Zeit zum Beten hatte; die Beziehung der Eheleute wandelte sich, weil Strukturen des Angewiesenseins, der Sorge und der Dankbarkeit sich verschoben; die Beziehung zu den Kindern, von denen in der Vergangenheit einiges an Arbeitseinsatz und Leistung als identitätsstiftende Quellen eingefordert worden war, wurde transformiert, weil nun weniger die fordernden und autoritären, als vielmehr die gütigen und milden Züge meines Schwiegervaters in den Vordergrund traten. Schrittweise vollzog sich so ein Wandel vom „Tun" zum „Sein". Die vielen Gesichter des Leidens meines Schwiegervaters weisen Schmerz, Ungeduld, Zorn und Verzweiflung auf, aber auch neue Güte, neue Dankbarkeit, neue Geduld, neues Miteinander. Wenn wir näher hinsehen, sehen wir die vielen Antlitze von Leidenssituationen.

Leiden hat viele Gesichter, kein Gesicht gleicht dem anderen. Wenn wir von Gesichtern des Leidens sprechen, dann wollen wir damit auch ausdrücken, dass Leiden nicht „gesichtslos" ist. Leiden ist, wenn ich es so ausdrücken darf, „bewohnt". Leiden findet nicht in unbewohnten Körpern statt. Leiden hat ein Gesicht, der Ort des Leidens ist „bewohnt". Die deutsche Kulturwissenschafterin Aleida Assmann hat an einer Stelle zwischen „bewohntem" und „unbewohntem" Gedächtnis unterschieden; das bewohnte Gedächtnis ist das Funktionsgedächtnis, das lebendige Gedächtnis einer Gruppe, die aus dem Gedächtnis Identität bezieht; das unbewohnte Gedächtnis ist das Speichergedächtnis, das der Archivierung von Vergangenheit dient, aber keine vitalen Impulse für Verständnis und Bewältigung der Gegenwart vermittelt.[4] Wenn Menschen leiden, so haben wir es nicht mit bedeutungsleeren Veränderungsvorgängen zu tun, sondern mit je persönlichen Schicksalen und Geschichten. Leiden hat ein Gesicht; jedes menschliche Leid muss als besonderes wahrgenommen werden. Leiden lässt sich deswegen auch nicht quantifizieren, abmessen und abwiegen. Das ist wohl einer der größten Fehler der durchaus ehrenwerten Idee, „das größte Glück der größten Zahl" anzustreben oder „das größte Leid der größten Zahl" zu verhindern. Leiden lässt sich nicht abwiegen und messen. In diesem Sinne kann man Thomas Buergenthals Kindheitserinnerungen an zwei Ghettos, an Auschwitz und an den Todesmarsch verstehen, der im Vorwort zu seinen persönlichen Erfahrungen schreibt: „Den Holocaust zahlenmäßig zu erfassen – sechs Millionen –, wie es gewöhnlich geschieht, ist eine unbeabsichtigte Entmenschlichung der Opfer und trivialisiert die zutiefst menschliche Tragödie, mit der wir es zu tun haben."[5]

Auch wenn das Anlegen von Maßstäben hilfreich und notwendig ist – weil solche Maßstäbe über eine bloß subjektive Einschätzung hinausgehen und deswegen Einordnungshilfen bieten. Denn die bloß subjektive Sicht kann aufgrund mangelnder Distanzierung zu einer Aufblähung der Leidenssituation führen. Es ist zur Einschätzung der Gesichter des Leidens wichtig, nicht den Maßstab zu verlieren. Der nüchterne Blick auf das Leiden, das denn auch in einen größeren Zusammenhang eingeordnet wird, ist hilfreich. Die Hebamme, die angesichts der Schmerzen einer Erstgebärenden ruhig bleibt und ihr bedeutet, dass diese Schmerzen keineswegs außergewöhnlich sind, trägt zur Beruhigung der leidenden Frau bei. Die Idee von Selbsthilfegruppen besteht gerade in der Tröstlichkeit des Wissens, dass eine bestimmte Form von Leiden nicht einzigartig ist, sondern von vielen Menschen geteilt wird, die ihre je eigenen Strategien entwickeln, um mit Leid zurechtzukommen. Ein Umgang mit den Gesichtern des Leidens spielt sich an dieser feinen Linie zwischen dem subjektiven Erleben und einem übersubjektiven Maßstab ab.

Biblische Gesichter des Leidens

Leiden tritt in vielen Formen auf; aber stets in persönlichen Geschichten; diese Geschichten sind aber nicht isolierte Fälle, sondern können – weil wir es mit menschlichem Leid zu tun haben – mit allgemeineren Geschichten über das menschliche Leiden in einen Zusammenhang gebracht werden. Hier kann die Heilige Schrift eine unschätzbare Quelle von Anhaltspunkten sein. Die Heilige Schrift vermittelt uns einen tiefen Eindruck in die vielen Gesichter des menschlichen Leidens – beginnend mit der mythischen Darstellung des Leidens an der Versuchung im Paradies und dem Leiden an den Folgen der Sünde nach der Vertreibung aus dem Paradies. Im Buch Genesis werden zeitlose Formen des Leidens geschildert: Kain leidet an Eifersucht angesichts der Erfahrung, dass das Opfer seines Bruders Abel vor Gott Gnade findet, sein eigenes Opfer aber nicht. Das Leiden der Eifersucht frisst sich tief ins Innere Kains hinein, der ganz von dieser Eifersucht erfüllt wird: „Da überlief es Kain ganz heiß, und sein Blick senkte sich" (Gen 4,5). Eifersucht nimmt den klaren und aufrechten Blick, sie raubt die Ruhe und die Besonnenheit. Sie ist ein Leiden, das aus dem Vergleich herrührt – und dieser Vergleich ist für einen Menschen besonders schmerzhaft, wenn er sich mit jemandem, der ihm ähnlich ist, vergleicht. Eifersucht ist ein „rotes Gefühl".

Kain leidet an der Eifersucht, und dieses Leiden ist wie eine Krankheit, die Kains Urteilsvermögen und seinen Sinn für Recht und Unrecht trübt und schwächt. Die Krankheit bleibt nicht bei sich, sondern folgt dem Gesetz, dass ein Übel weitere Übel nach sich zieht: Kain erschlägt seinen Bruder. Nun beginnt der Leidensweg des Kain, der ruhelos und rastlos durchs Leben ziehen muss, belastet von seiner Schuld.

Eifersucht wird hier als Wurzelübel beschrieben, als ein Übel, das weitere Übel erzeugt, als eine Krankheit der Seele. Die Eifersucht als eine Krankheit der Seele, die weiteres Leiden mit sich bringt, begegnet uns wieder in der Geschichte von Esau und Jakob, aber auch in der Gestalt der Hagar. Hagar ist die Magd von Sarai, der Frau Abrams. Sarai bleibt kinderlos und gibt deswegen Abram ihre Magd zur Frau. Hagar wird schwanger; in ihrer Schwangerschaft wird sie hochmütig und verweigert ihrer Herrin die Achtung. Daraufhin behandelt Sarai sie so hart, dass sie wegläuft. Der Engel des Herrn befahl ihr, zu ihrem Mann zurückzugehen (Gen 16,9). Später bricht die Eifersucht wieder auf: „Eines Tages beobachtete Sara, wie der Sohn, den die Ägypterin Hagar Abraham geboren hatte, umhertollte. Da sagte sie zu Abraham: Verstoß diese Magd und ihren Sohn! Denn der Sohn dieser Magd soll nicht zusammen mit meinem Sohn Isaak Erbe sein" (Gen 21,10). Die Eifersucht zeigt sich hier mit dem Gesicht des Neids. Sara zeigt sich als eine Frau, die gerade deswegen nicht zufrieden ist, weil sie an Eifersucht und Neid leidet. Abraham verstößt Hagar und Ismael. Sie irren in der Wüste umher, bis Hagar den Lebenswillen verliert – und erst durch göttlichen Beistand wieder „Ja" zum Leben sagen kann. Wieder zeigt sich die Eifersucht als ein Wurzelübel, das weiteres Übel hervorbringt. Oder auch: Sara ist von der Krankheit des Neids befallen, ihre Seele ist nicht gesund, und sie kann nicht zufrieden sein; diese Krankheit trägt sie mit sich herum, sie kann immer wieder aufbrechen. In dieser Weise haben auch die Kirchenväter die Krankheiten der Seele beschrieben – als Leiden, das die Betreffenden daran hindert, glücklich zu sein und in Fülle zu leben, und als Leiden, das weitere Leiden nach sich zieht. Eifersucht begegnet uns auch wieder im Leiden des alternden Saul, der sich dem jungen und beliebten David gegenüber benachteiligt fühlt und ihm Neid, Eifersucht und Missgunst entgegenbringt. Diese Eifersucht des Alters auf die Jugend begleitet die Menschheit ebenso wie die Eifersucht der Erfolgsarmen gegenüber den Erfolgreichen. Die Wurzel dieses Übels ist der Vergleich.

Eine Wurzel von Leiden, der wir immer wieder begegnen, ist auch die Angst. Das Buch Genesis erzählt von Abrams Angst in Ägypten – er ist mit der schönen Sarai verheiratet, weswegen er nun um sein Leben bangt und zu seiner Frau sagt: Die Ägypter werden mich erschlagen, dich aber am Leben lassen (Gen 12,12). Diese Angst erzeugt Lüge. Abram wird ein Mann der Lüge. „Sag doch, du seiest meine Schwester, damit es mir deinetwegen gut geht und ich um deinetwillen am Leben bleibe" (Gen 12,13). Diese Lüge erzeugt in der Darstellung Leiden, da der Pharao, der Sarai in den Palast aufnimmt, vom Herrn mit schweren Plagen geschlagen wird. Die Erzählung berichtet also von der Angst als der Mutter der Lüge, die wiederum Leiden hervorbringt. Auch hier sehen wir, dass Leiden und Übel nicht bei sich bleiben, sondern Konsequenzen haben. Von solchen Konsequenzen berichtet uns auch das zweite Buch Samuel, das von den Folgen von Davids Fehltat erzählt: David hatte bekanntlich den Soldaten Urija an die vorderste Front stellen lassen, so dass er ums Leben kam. Dadurch war David frei, Urijas Frau zu ehelichen. Der Text berichtet nun, dass der Sohn, den Urijas Witwe dem David geboren hatte, schwer krank wurde (2 Sam 12,15). David fastete und büßte, um das Kind am Leben zu halten. Er zahlt also nur bedingt den Preis für seinen Fehltritt, denn das unschuldige Kind stirbt. Die Lektion, die wir hier lernen könnten, könnte lauten: Übel bringt Leid hervor, das sich aber über denjenigen, der das Übel verschuldet hat, hinaus ausdehnt. Oder auch: Leiden zieht weitere Kreise. Oder auch: Sündhaftes Handeln führt ins Leiden, etwa auch gemäß dem Psalmenwort: „Viele Schmerzen leidet, wer fremden Göttern folgt" (Ps 16,4). Damit ist eine „Logik der Sünde" angesprochen: Krankheiten der Seele bringen Leiden hervor, das auch diejenigen betrifft, die nicht von der Krankheit der Seele betroffen sind.

Nun ist es freilich nicht so, dass die Heilige Schrift für jegliches Leid die Ursache in Fehltritten sehen würde. Das Buch Hiob ist das wohl tiefste Beispiel dafür, dass die Frage nach dem menschlichen Leiden mit unauflösbaren Fragen verbunden ist und sich nicht einfach gemäß der Berechnung „Wo Leiden ist, muss Sünde sein" aufschlüsseln lässt. Das Buch Hiob bringt uns einen wichtigen Gedanken nahe – menschliches Leiden betrifft die Identität eines Menschen; je stärker wir uns mit dem, was befallen wird, identifizieren, desto tiefer ist das Leiden. Hiob wird geschildert als ein Mann, der über Güter und Ansehen, viele Kinder und gute Gesundheit verfügt. Er verliert Güter und Kinder und schließlich auch die Gesundheit – und mit diesen Dingen auch das Ansehen. Er leidet am Verlust von Reichtum, von Familie und von Gesundheit. Und er leidet darüber hinaus an Unverständnis, an „Mangel an Sinn", in Form seiner Beziehung zu Gott, da er sich keines Unrechts bewusst ist. Leiden ist mit der Identität eines Menschen verbunden. Das Buch Hiob zeigt deutlich, dass Bindungen auch Eintrittstellen für Leiden bedeuten; ein Mensch, dem nichts wichtig ist, kann auch nicht leiden; ein Mensch, der sich um nichts sorgt, ist auch nicht leidensfähig. Leidensfähigkeit wird damit zum Ausdruck eines ernsthaften Lebens, in dem es auch um etwas geht. Leidensfähigkeit ist damit auch verbunden mit dem, was man „Lebenstiefe" nennen könnte. Lebenstiefe ist die Eigenschaft eines menschlichen Lebens, das über eine Richtung verfügt, die den einzelnen Vorhaben einen inneren Zusammenhang verleihen; Lebenstiefe kommt einem Leben zu, das durch Bindungen gekennzeichnet ist und dadurch „Strukturen von Wichtigkeit und Sorge" aufweist. Hiob hat diese Lebenstiefe, weil er sich nicht nur um seine Lieben sorgt, sondern vor allem auch um seine Beziehung zu Gott. Damit treten Werteordnungen hervor. Das Buch Hiob zeigt deutlich, dass das Leiden mit der Identität des Menschen verbunden ist, gemäß der Einsicht: Zeig mir, woran du leidest, und ich sage dir, was für ein Mensch du bist!

Diesem Zusammenhang zwischen Identität und Leidensfähigkeit begegnen wir auch im Neuen Testament: Denken wir nur an das Leiden der Heiligen Familie, wie es in den Evangelien dargestellt wird: Josef ist ein gottesfürchtiger Mann, der seine Verlobte nicht kompromittieren möchte (Mt 1,19) und durch ihre Schwangerschaft in eine schwierige Situation gebracht wird, die ihm sehr viel Gottvertrauen abfordert. Josef wird durch die Besatzungsmacht gezwungen, sich einschreiben zu lassen, was ihn dazu zwingt, eine Geburt unter schwierigen und kargen Umständen mitzuerleben. Danach wird Josef mit seiner Familie ins ägyptische Exil gezwungen, während in Bethlehem der systematische Kindesmord befohlen wird. Hier stoßen wir auf viele Quellen und Erfahrungen von Leiden, die Josef und seine Frau zu tragen hatten; Maria musste zudem miterleben, wie ihr Sohn in Jerusalem verlorenging, wie er später für verrückt erklärt wurde, wie sich Jesus von ihr distanzierte, wie Jesus schließlich gefoltert und getötet wurde. Diese Eintrittsstellen für das Leiden ergeben sich gerade aus den identitätsstiftenden Bindungen, die Josef und Maria zu den besonderen Menschen machten, die sie waren. Sie hatten durch ihre Bindung an Gott, ihre Gottesfurcht und ihre Gottesliebe, ihre feste Identität bekommen – und diese feste Identität ließ sie zwischen „wichtig" und „unwichtig" unterscheiden und bot Eintrittsstellen für das Leiden, gerade deswegen, weil es ihnen diese Bindungen untersagten, den Weg von Behaglichkeit und Bequemlichkeit und Leidvermeidung zu gehen. Maria hätte sich Leiden erspart, wenn sie dem Engel eine Absage erteilt hätte; Josef hätte sich Leid erspart, wenn er sich still von seiner Verlobten getrennt hätte. Und Jesus schließlich hätte sich viel Leid erspart, wenn er bei seinem Handwerksberuf geblieben und nicht öffentlich aufgetreten wäre. Aber darum geht es nicht! Maria und Josef haben Leid auf sich genommen, gerade weil sie besondere Menschen mit besonderen Bindungen waren: weil sie eine klare und feste Identität hatten. Sie zahlten den Preis für ein Leben in Bindungen. Das rechtfertigt nun das ihnen zugefügte Leiden nicht; jedenfalls nicht in dem Sinne, dass man sagen könnte: „gut, dass sie gelitten haben". Aber es gibt dem Leiden eine Tiefe und eine Richtung, und dem Leben, das dieses Leiden in sich aufnahm, eine Tiefe und eine Kraft.

Leiden und Identitätsveränderung

Leiden bewirkt tiefe Veränderungen, Wandlungen im Menschsein. Wenn Menschen leiden, leiden sie nicht nur äußerlich; was Leiden zu Leiden macht, ist die Inanspruchnahme der ganzen Person; Leiden verändert Identität. Oder auch: Leiden verlangt denjenigen, die leiden, und denjenigen, die am Leiden leiden, etwas ab, was mit den innersten Schichten des Menschseins zu tun hat. J. M. Coetzee beschreibt in seinem autobiographischen Roman *Der Junge* eine Kindheit in Südafrika und das Leiden eines Kindes am Niedergang des Vaters, der nach dem Verlust des Arbeitsplatzes mehr und mehr in die Trägheit und die Scheinwelt des Alkoholkonsums fällt. „Der Vater schaut sich nach Arbeit um. Jeden Morgen pünktlich um sieben macht er sich in die Stadt auf. Doch ein oder zwei Stunden später – das ist sein Geheimnis –, wenn alle anderen aus dem Haus sind, kommt er zurück. Er zieht wieder den Schlafanzug an und geht mit dem Kreuzworträtsel der *Cape Times*, einer Taschenflasche Brandy und einem Krug Wasser ins Bett. Um zwei nachmittags, ehe die anderen zurückkommen, zieht er sich an und geht in seinen Klub."[6] Der Sohn entdeckt das Geheimnis des Vaters, als er eines Tages krankheitshalber der Schule fernbleibt. Der Vater sperrt sich nicht nur im Haus ein und verfällt dem Alkohol, er versteckt auch die Rechnungen, die mit der Post zugestellt werden – und die Situation eskaliert, die Familie verliert nahezu alles. Der Sohn verliert jegliche Achtung vor dem Vater: „Die ganze Zeit kocht er vor Zorn. Dieser Mann, so nennt er den Vater, wenn er mit der Mutter spricht, zu voll von Hass, um ihn beim Namen zu nennen; warum müssen wir etwas mit diesem Mann zu tun haben? Warum lässt du diesen Mann nicht einfach ins Gefängnis gehen?"[7] Der Sohn hofft darauf, dass sein Vater, der sich kaum mehr zu Aktivitäten aufrafft, Selbstmord begehen würde, aber „er hat nicht den Mut, Schlaftabletten zu nehmen, wie er auch nicht den Mut hat, sich nach Arbeit umzusehen"; der Sohn wünscht sich, „nicht hier zu sein und Augenzeuge der Schande zu werden."[8] Hier wird in bitterer Sprache und brennendem Stil Leiden am Leiden deutlich. Der Vater leidet, ohne dem Leiden ins Gesicht sehen zu können; der Sohn leidet am versteckten und verlogenen Leiden seines Vaters. Das Leiden macht den Vater zu einem Menschen, der er vorher nicht war; das Leiden macht aus dem Sohn etwas, was er vorher nicht war. Das Leiden verwandelt die identitätsstiftende Vater-Sohn-Beziehung von Grund auf. Leiden wandelt — auf der tiefen Ebene unserer Identität. Es sind nicht äußere Dinge, die sich „an einem Menschen" im Leiden verändern; Leiden verändert „den Menschen". Das ist ein großer Unterschied, den Aristoteles seinerzeit mit der Unterscheidung zwischen „akzidenteller Veränderung" und „substantieller Veränderung" ausdrücken wollte. Eine akzidentelle Veränderung ist eine äußere Veränderung, die aber den inneren Kern unberührt lässt. Wenn ich mein Hemd wechsle, so ist das eine äußere Veränderung; wenn ich Haare verliere, so ist das eine äußere Veränderung; wenn ich ein Studium abschließe, so ist das eine äußere Veränderung. Das Wesen wird davon nicht verändert, wird nicht in „Mitleidenschaft" gezogen. Wenn ich aber leide, geschieht Wesentliches an mir, es verändert sich mein Wesen, ich verändere mich von innen her. Das ist eine substantielle Veränderung. Substantielle Veränderungen sind Wesensveränderungen. Sie sind, um es in einem Bild auszudrücken, nicht einfach Züge auf einem Spielfeld, sondern sie stiften ein neues Spielfeld. Sie verändern die Regeln des Spiels.

Leiden ist eine substantielle Veränderung. Durch das Leiden verändert sich Identität; wir werden neu geformt, wenn wir leiden; wir werden von innen her verwandelt. Nun kann es freilich sein, dass bestimmte äußere Veränderungen bei manchen Menschen zu tiefen inneren Veränderungen führen – etwa das Ausscheiden aus dem aktiven Berufsleben. Dann stellt sich eine akzidentelle Veränderung als eine substantielle dar. Und es kann ebenso sein, dass manche Menschen Leiderfahrungen nicht als solche zulassen und auch nach einem Schicksalsschlag so weiterleben wie bisher. Dann wird eine substantielle Veränderung als eine akzidentelle Veränderung erlebt und eingeordnet. Aus diesem Grund möchte ich vorschlagen, das Leiden in seiner Subjektivität zu sehen: Es hängt vom Menschen in seiner jeweiligen Lebenssituation ab, ob er leidet. Wo Menschen aber leiden, werden sie in ihrer Identität verändert. Es ist ein Geheimnis, dass es zu einer großen Belastung führen kann, wenn widrige Erfahrungen unterschiedlich erlebt werden. Ich habe ein Ehepaar gekannt, das seinen zwanzigjährigen Sohn bei einem Autounfall verloren hat. Während die Mutter im Leid versank, tat der Vater, auch motiviert aus einer gewissen Lesart des Buddhismus, dem er sich nahefühlte, das Geschehen als zwar tragisch, aber nicht identitätsverändernd ab. „Shit happens", sagte er schulterzuckend und ließ die Veränderung nicht als wesentliche Veränderung, und damit als echte Leidenserfahrung zu. Es mögen nun psychologisch Geschulte entscheiden, ob dies auf Dauer möglich ist, aber Tatsache ist, dass die Ehe an der unterschiedlichen Einordnung des Verlusts letztendlich scheiterte.

Die vielen Gesichter des Leidens haben gemeinsam, dass sie Wesensveränderungen bedeuten; dass sie Identität wandeln. Menschen zerbrechen am Leiden, wenn sie ihre Identität nicht mehr aufbauen können. „In der Trauer betrauern wir die Toten; in der Melancholie sterben wir mit ihnen", schreibt Darian Leader.[9] Wir stehen hier also vor zwei gleichermaßen großen Herausforderungen, wenn wir mit menschlichem Leiden konfrontiert sind: Zum einen sind wir aufgerufen, Leiden als Leiden zuzulassen und damit auch mit Wesensveränderungen und Identitätstransformation umzugehen. Das ist eine Frage der Leidensfähigkeit. Menschen, die diese Leidensfähigkeit nicht haben, laufen Gefahr, oberflächlich, unernsthaft und im Modus von Verdrängung und Wirklichkeitsferne zu leben. Zum anderen sind wir aufgerufen, auch im Leiden unsere Identität nicht aufzugeben, Identitätsarbeit („Arbeit an uns selbst") zu verrichten, am Ja zum Leben auch unter widrigen Umständen festzuhalten.

Diese zweite Herausforderung möchte ich an einem Beispiel zeigen: Lisa Genova beschreibt in ihrem Roman *Mein Leben ohne Gestern* eine Psychologieprofessorin namens Alice, die um die fünfzig Jahre alt ist und mit Alzheimer diagnostiziert wird. Sie leidet zunächst an kleinen Ausfällen, die noch nicht ihr Selbstverständnis, ihr Selbstsein, ihre Identität, bedrohen. Zunächst fällt ihr ein Wort nicht ein, dann kann sie einen Eintrag auf der Liste der zu erledigenden Dinge nicht zuordnen, dann verirrt sie sich auf dem Heimweg. Sie kann die Symptome nicht länger ignorieren und wird mit dieser Diagnose inmitten eines aktiven und von Erfolg und „Wichtigkeit" gekennzeichneten Lebens konfrontiert. Sie hat die frühe Alzheimerkrankheit. Sie weiß, dass sie damit auf einem Weg geht, der in eine immer größer werdende Dunkelheit führt, und von dem es kein Zurück gibt. Sie weiß, dass sie einen schrittweisen Umbau ihrer Identität vor sich hat, den sie selbst weder steuern noch zur Gänze wahrnehmen wird. Ihr Leben, wie es war, zerfällt. Die Wellen, die ihr Leiden schlägt, werden immer größer. Alice legt sich Strategien zurecht, versucht ihre Krankheit vor den Studierenden und ihren Kolleginnen und Kollegen zu verbergen, wobei die Qualität ihrer Lehre empfindlich zu leiden beginnt. Ihre Lebenssicherheit schwindet, ihre Vertrautheiten werden ihr unter den Füßen weggezogen, sie kann sich auf ihr Urteil nicht mehr verlassen, lebt angesichts der fortschreitenden Krankheit in ständiger Unsicherheit. Sie leidet an sich selbst. Sie leidet an ihrer Identität, die sich verflüssigt hat, an Festigkeit eingebüßt hat. Und

auch die Menschen, die sie kennen, achten, lieben – leiden.
John, Alices Ehemann, ein Wissenschaftler wie seine Frau,
kann mit ihrer neuen „Bedürftigkeit" nicht sehr gut umgehen. Er hat Angst, schreckliche Angst. Sie leiden am Iden-
titätsverlust. In einer Schlüsselszene des Romans sehen wir
Alice und John im Wohnzimmer sitzen. Alices Krankheit
ist schon weit fortgeschritten; auf dem Tisch liegt das dicke
Buch, das sie gemeinsam geschrieben haben.

„Ich habe dieses Buch mit dir geschrieben", sagte sie.
„Ja."
„Ich erinnere mich. Ich erinnere mich an dich. Ich erinnere
mich, dass ich einmal sehr klug war."
„Oh ja, das warst du, du warst der klügste Mensch, den ich
je gekannt habe."
Dieses dicke Buch mit dem glänzenden blauen Umschlag
stand für so vieles von dem, was sie einmal gewesen war …
Ich war einmal jemand, der eine Menge wusste. Jetzt fragt
mich niemand mehr nach meiner Meinung oder meinem
Rat. Das vermisse ich. Ich war einmal neugierig und unab-
hängig und selbstbewusst. Ich vermisse es, mir der Dinge
sicher zu sein. Es liegt kein Friede darin, sich ständig aller
Dinge unsicher zu sein. Ich vermisse es, mich erwünscht
zu fühlen. Ich vermisse mein Leben und meine Familie. Ich
habe mein Leben und meine Familie geliebt.
Sie wollte ihm alles sagen, woran sie sich erinnerte und
was sie dachte, aber sie konnte all diese Erinnerungen und
Gedanken, die sich aus so vielen Wörtern, Redewendungen
und Sätzen zusammenfügten, nicht an dem erdrückenden Un-
kraut und Schlamm vorbeischicken und hörbar machen. Sie
kürzte diesen Wust von Gedanken und konzentrierte sich mit
aller Kraft auf das Wesentliche …
„Ich vermisse mich selbst."
„Ich vermisse dich auch, Ali, so sehr."
„Ich hatte nie vor, so zu werden."
„Ich weiß".[10]

Alice und John vermissen die entschwundene Identität, das verlorene Selbst. Im kleineren Maßstab erleben das Menschen, die aus dem aktiven Berufsleben ausscheiden, im größeren erleben es Menschen, die ihre Geisteskraft verlieren, in grausamer Schritthaftigkeit, nach und nach. Alices Leiden, an dem sie leidet, erzeugt weiteres Leiden. Ihre Umgebung leidet, ihre Familie. John hat eben auch ein lockendes Jobangebot erhalten, das ihn aus der vertrauten Umgebung wegführen würde, ist hin- und hergerissen: und entscheidet sich für den beruflichen Weg. Er schafft es nicht, seine Identität derart mit der umbrechenden Identität seiner Frau zu verbinden, dass auch er selbst eine Wesensveränderung auf sich nimmt. Die drei Kinder allerdings wachsen über sich hinaus und kümmern sich um die Mutter. Und hier stoßen wir auf Dimensionen von „Hoffnung auf Sinn des Leidens", von Hoffnung darauf, dass auch in einer Situation von Verdunkelung und wachsendem Wirklichkeits- und Selbstverlust Menschsein und Person erhaltenbleiben. Die beiden Töchter verändern ihre Lebensprioritäten – die ältere durchaus auch deswegen, weil sie aufgrund ihrer genetischen Konstitution damit rechnen muss, auch einmal frühen Alzheimer zu bekommen, die jüngere, deren Leben wenig Richtung aufwies, aufgrund des neuen Lebensernstes. Die Mutter wird liebevoll geschützt und begleitet – und versteht die Sprache der Liebe, des Geliebtwerdens, auch wenn sie andere soziale Sprachen verlernt hat.

Alice hat einen letzten großen Auftritt, einen Vortrag anlässlich eines großen Kongresses über die Alzheimerkrankheit. Sie erzählt von ihrer eigenen Erfahrung mit Demenz und liest einen sorgfältig vorbereiteten Text:

Ich fühle mich geehrt, diese Gelegenheit zu haben, heute zu Ihnen zu sprechen und Ihnen, wie ich hoffe, einen Einblick davon zu vermitteln, wie es ist, mit Demenz zu leben. Bald, auch wenn ich dann immer noch wissen werde, wie es ist, werde ich nicht mehr imstande sein, es Ihnen gegen-

über auszudrücken. Und irgendwann, in nicht allzu langer Zeit, werde ich nicht einmal mehr wissen, dass ich Demenz habe ... Wir im Frühstadium der Alzheimer-Krankheit sind noch nicht völlig inkompetent. Wir sind nicht ohne Sprache oder Meinungen, die zählen, oder längere Phasen der Klarheit. Und doch sind wir nicht mehr kompetent genug, um vielen Anforderungen und Aufgaben unseres einstigen Lebens zuverlässig gerecht zu werden. Wir haben das Gefühl, weder hier noch da zu sein ... Es ist ein sehr einsamer und frustrierender Ort ... Ich verliere mein Gestern ... Und ich habe keine Kontrolle darüber, welches Gestern ich behalte und welches gelöscht wird. Diese Krankheit lässt nicht mit sich handeln ... Oft habe ich Angst vor dem nächsten Tag. Was, wenn ich aufwache und nicht mehr weiß, wer mein Ehemann ist? Was, wenn ich nicht mehr weiß, wo ich bin, oder mich selbst nicht mehr im Spiegel erkenne? Wann werde ich nicht mehr ich selbst sein? ... Die Diagnose „Alzheimer" zu bekommen, ist, als würde man mit einem scharlachroten A gebrandmarkt werden. Genau das bin ich jetzt: jemand mit Demenz. Als genau das habe ich mich selbst eine Zeit lang definiert, und als genau das definieren andere mich noch immer. Aber ich bin nicht nur, was ich sage oder tue oder in Erinnerung behalte. Ich bin so viel mehr als das. Ich bin eine Ehefrau, Mutter und Freundin und werdende Großmutter. Ich fühle und verstehe noch immer die Liebe und Freude in diesen Beziehungen, und ich bin sie wert ... Bitte sehen Sie nicht auf unser scharlachrotes A und schreiben Sie uns nicht ab. Sehen Sie uns in die Augen, reden Sie direkt mit uns ... Wenn mein Gestern verschwindet und mein Morgen unsicher ist, wofür lebe ich dann noch? Ich lebe für jeden Tag. Ich lebe im Augenblick."[11]

Alice erzählt vom Leiden des Identitätsverlusts, von der damit verbundenen Einsamkeit, die nur menschliche Zuwendung lindern kann, weil Fähigkeiten, Leistungen und Erfolge nicht mehr über die Einsamkeit hinwegtäuschen können. Sie erzählt von der Angst, die mit dem Schwinden von den festen Pfeilern der eigenen Identität verbunden ist, von der eigenen Ohnmacht und Verwundbarkeit, die sich aus dem krankheitsbedingten Kontrollverlust ergeben. Sie erzählt vor allem aber auch, dass ein Mensch in seiner Identität viele Verankerungen im sozialen Boden von Beziehungen und Bindungen hat, dass die Sprache der Liebe und der Freude bleibend sind. Menschen, die leiden, verändern ihre Identität – in einer tiefen, „wesentlichen" Weise, als eine „Wesensveränderung". Was bleibt, stiften die Bindungen. Und was die Bindungen erhalten und wachsen lässt, was ihnen Tiefe und Stabilität verleiht, sind die Sprachen von Liebe und von Freude. Vielleicht trägt das Leiden in besonderer Weise dazu bei, dass diese Sprachen nicht verlernt werden – oder auch: dass diese Sprachen anspruchsvoll bleiben, einen großen Wortschatz aufweisen und mit großer Mühe angeeignet und gepflegt werden müssen. Leiden hat viele Gesichter: Aber diese Gesichter haben gemeinsam, dass Leiden mit Identität zu tun hat, dass Identität an Bindungen hängt, und dass diese Bindungen durch Liebe und Freude genährt werden.

CLEMENS SEDMAK

Verlieren in einer Erfolgsgesellschaft: die sogenannten Niederlagen des Lebens

*L*EIDEN IN UNSERER GESELLSCHAFT, DIE SICH IN vielem durch Erfolge und Ansprüche definiert, stellt sich häufig als Erfahrung von Niederlagen dar. Verlieren ist der Ausdruck des Leidens in einer Erfolgsgesellschaft. Niederlagen werden „eingesteckt", erlitten", „zugefügt", sie sind „bitter", „schmerzvoll", mitunter „unerwartet" oder auch „peinlich". Schon der Sprachgebrauch deutet an, dass Niederlagen unerwünscht sind und kein „Gut" darstellen. Eine Erfahrung ist ein Gut, wenn wir eine Situation, in der dieses Gut vorkommt, einer Situation, in der es nicht vorkommt, vorziehen. Auf Niederlagen würden wir in der Regel gerne verzichten. Niederlagen sind dementsprechend keine Güter. Niederlagen sind Erfahrungen von Verlust in einer Kampfsituation – wir kämpfen um beruflichen Erfolg („berufliche Niederlagen"), um privates Glück („private Niederlagen"), um sportliche Siege („Niederlagen im Sport"). Da sich mehr und mehr Bereiche unseres Lebens in Kampfarenen verwandeln, werden mehr und mehr Orte des Lebens zu Orten von möglichen Niederlagen. Der Erfolgsdruck macht ja weder vor Schlafzimmern noch vor Studierstuben Halt. Das scheint schon einmal eine erste Einsicht zu sein – wo kein Kampf herrscht, kann es keine Niederlagen geben. Der amerikanische Philosoph Michael Sandel hat in seinen öffentlichen „Reith"-Vorlesungen im Jahr 2009 darauf hingewiesen, dass die Gesetze des Marktes nicht neutral sind; wenn die Gesetze des Marktes in einem Lebensraum eingeführt werden, geschieht etwas mit diesem Lebensraum. Sandel erzählt beispielsweise von einem amerikanischen Kindergarten, dem die Unpünktlichkeit der Eltern beim Abholen der Kinder Schwierigkeiten machte. Sie führten daraufhin das System von Strafzahlungen ein – je später man nach der Mittagszeit das eigene Kind abholte, desto größer der zu entrichtende

Betrag. Das Resultat war nun keine Zunahme an Pünktlichkeit, sondern eine neue Wahrnehmung der Eltern: Sie sahen es von nun an als ihr Recht an, das Kind später abzuholen, wenn sie gewillt waren, eine entsprechende Zahlung zu leisten. Hier wurden also die Gesetze des Marktes auf einen bestimmten Lebensraum übertragen, wodurch sich dieser Raum veränderte. Ähnlich verhält es sich wohl mit dem Bild des Kampfes – wenn man die Gesetze des Kampfes auf einen Lebensraum überträgt, so geschieht etwas mit diesem Lebensraum. Wenn Ärztinnen beispielsweise den Tod eines Patienten als Niederlage erleben, so ist etwas mit diesem Lebensraum geschehen; wenn Männer erektile Dysfunktionen als Niederlage erfahren, so ist etwas mit dem Lebensraum geschehen; wenn eine Wissenschafterin den Umstand, dass sie einen bestimmten Wissenschaftspreis *nicht* erhalten hat, als Niederlage wertet, so ist etwas mit dem Lebensraum geschehen; wenn Banker eine Bonuszahlung, die unter dem Vorjahr liegt, als Niederlage empfinden, so hat das etwas mit der Strukturierung des Lebensraums zu tun. Das kann schon eine erste Frage sein, die wir uns stellen müssen: Welche Räume unseres Lebenshauses sehen wir als Kampfarenen? Welche Zusammenhänge, in denen wir leben, erfahren wir als Stätten von Wettkampf und Auseinandersetzung? Wenn es uns gelingt, das Ausmaß des Kämpfens in unserem Leben zu vermindern, tun wir uns schon leichter mit Niederlagen, weil die Orte, an denen wir verlieren können, abnehmen. Dieser Gedanke geht in eine ähnliche Richtung wie die Einsicht: „Wer nichts zu verlieren hat, wird auch keine Niederlage erleiden können." Je mehr wir uns also in Orten von Kampf und Wettkampf einrichten, je mehr wir anhäufen, dessen Verlust uns schmerzt – desto verletzbarer werden wir für Niederlagen.

Niederlagen prägen unsere Identität in einem vielleicht stärkeren Sinn, als es Siege und Erfolge tun. Der berühmte amerikanische Erfinder Thomas Alva Edison wurde einer Anekdote nach einmal gefragt, ob es denn schwer sei, so viel Erfolg zu haben. Seine Antwort: „Ja, aber es ist noch schwerer zu scheitern". Tatsächlich, es ist schwer zu scheitern. John Grisham hat dies eindrucksvoll in seinem Roman *Der Coach* dargestellt. Der Roman erzählt vom „Spiel des Lebens" – von Eddie Rake, dem Trainer einer High School Footballmannschaft, die er als erfolgreichster High School Football Trainer aller Zeiten von Erfolg zu Erfolg führt. Eddie Rake liegt nun im Sterben, und seine alten Getreuen kommen zusammen, um Abschied zu nehmen. Bei der Beerdigungsfeier, die natürlich auf dem Footballfeld stattfindet, wird auf Wunsch des Verstorbenen ein Abschiedsbrief des legendären Trainers verlesen, der großen Einsatz gezeigt hatte, begleitet von tiefen Emotionen, die so weit führten, dass er einmal in der Halbzeitpause eines meisterschaftsentscheidenden Spiels einen seiner Spieler aus Enttäuschung geohrfeigt hatte; Eddie Rake war auch durch seine harten Trainingsmethoden bekannt geworden, mit denen er seine Mannschaft auf die Kampfeinsätze vorbereitet hatte – bei einer dieser Trainingseinheiten starb Scotty, ein Schüler, an Überanstrengung, was den Ruf des erfolgsverwöhnten Trainers nachhaltig erschütterte. In seinem Abschiedsbrief, den Eddie Rake bei seinem Begräbnis verlesen ließ, kam er nicht auf seine Erfolge zu sprechen, sondern auf die beiden größten Niederlagen seiner 34 Jahre währenden Trainerzeit:

Man fragt sich, wie ein normaler Mensch vierunddreißig Jahre lang Football-Coach an einer Highschool bleiben kann. Für mich war das ganz leicht. Ich liebte meine Spieler. Ich wünschte, ich hätte ihnen das auch sagen können … Wir haben viel erreicht, doch ich will mich nicht mit den Siegen und Meistertiteln aufhalten. Statt dessen möchte ich diesen Augenblick nutzen, um von zwei Ereignissen zu sprechen, die mir Anlass zur Reue geben … Der erste Anlass zur Reue ist Scotty Reardon. Ich hätte mir nie träumen lassen, dass ich je für den Tod eines Spielers verantwortlich sein würde. Doch ich nehme die Schuld an seinem Tod auf mich. Ich hielt ihn in meinen Armen, als er starb, und ich habe seitdem jeden

Tag um ihn geweint. Seinen Eltern gegenüber konnte ich die-
sen Gefühlen Ausdruck verleihen, und ich glaube, im Laufe
der Zeit haben sie mir vergeben. An dieser Vergebung halte
ich mich fest, ich nehme sie mit in den Tod ... Der zweite
Anlass zur Reue ist ein Ereignis beim Meisterschaftsspiel
von 1987. In der Halbzeitpause habe ich in einem Anfall von
Jähzorn einen Spieler tätlich angegriffen, unseren Quarter-
back. Das war unverzeihlich, und ich hätte meine Tätigkeit
danach eigentlich nicht mehr ausüben dürfen. Ich bedaure,
was ich getan habe ... Bitte verzeiht mir, Jungs.[1]

Niederlagen, so könnte man meinen, prägen das Leben und
die Identität eines Menschen mehr als seine Siege; der Umgang mit Niederlagen sagt wohl auch viel über einen Menschen aus, ähnlich wie Freundschaft sich in schwierigen Zeiten bewährt und offenbart und in Zeiten von Sonnenschein
und Leichtigkeit nicht in dem Maße herausgefordert ist.
Menschliche Größe zeigt sich wohl gerade in einer Niederlage. Menschliche Größe ist die Fähigkeit, an Idealen und
Werten festzuhalten, selbst wenn es schwerfällt, menschliche Größe ist auch die Fähigkeit, anderen Lebensraum zu
ermöglichen, auch wenn etwas dagegen spricht. Menschliche
Größe zeigt sich gerade unter den widrigen Umständen einer
Niederlage, eines Verlusts.

Niederlagen

Eine Niederlage ist eine Erfahrung von Scheitern, wo wir
auf ein Moment der Frustration, ein Moment der Durchbrechung, ein Moment der Erschöpfung und ein Moment der
Beschämung stoßen. Ein Moment der Frustration: Wir haben
uns abgemüht und angestrengt, Zeit und Kraft investiert,
und diese Mühen wurden nicht belohnt; ein Gefühl mag sich
einstellen, das besagt: Es wäre besser gewesen, gar nicht erst
die Anstrengungen aufgebracht zu haben, die sich doch nun

als vergebliche Anstrengungen erweisen. Ein Moment der Durchbrechung: Eine Niederlage zwingt uns dazu, innezuhalten und über den weiteren Handlungsgang nachzudenken; wir können nicht einfach so weitermachen wie bisher; wir sind gezwungen, uns neue Strategien zu überlegen, wir werden in unserem Planen und Tun durchbrochen. Ein Moment der Erschöpfung: Niederlagen nehmen Kraft; sie machen müde; es ist die Müdigkeit eines Kraftaufwands, der nicht den erhofften Ertrag gebracht hat; eine bittere Niederlage kann zur Entkräftung führen, weil sich Anstrengung nicht entsprechend „gelohnt" hat. Ein Moment der Beschämung: Eine Niederlage hat auch damit zu tun, dass Selbstbild und Erfahrung von Wirklichkeit nicht mehr zusammenpassen. Dieses Auseinanderklaffen zeigt sich häufig als Scham. Beschämung ist die Erfahrung einer Botschaft von anderen: „Du hast etwas nicht erreicht, von dem wir wissen, das du es hättest erreichen wollen – und von dem wir vielleicht auch wissen, dass du es hättest erreichen sollen." Diese Dynamik ist wohl gemeint, wenn das einschlägige Sprichwort uns daran erinnert, dass ein Mensch, der den Schaden hat, für den Spott nicht eigens sorgen muss. Beschämend wird eine Niederlage vor allem dann, wenn Menschen vor Publikum scheitern.

Niederlagen sind Erfahrungen, die uns zwingen, innezuhalten und zu überlegen, wie wir weitergehen wollen; welchen Weg wir nun einschlagen können. Interessanterweise gibt eine Niederlage mehr zu denken als ein Erfolg, und hat deswegen viel mit Freiheit zu tun. Ein Erfolg verpflichtet gewissermaßen auf den nächsten Erfolg, so wie der Autor eines erfolgreichen ersten Romans nun verpflichtet ist, einen mindestens ebenso erfolgreichen zweiten Roman zu schreiben. Eine Mannschaft, der eine Siegesserie gelungen ist, ist sozusagen dazu verdammt, weiter zu siegen. Demgegenüber lässt eine Niederlage mehr Spielraum. Und in diesem Spielraum liegt eine Freiheit. Tatsächlich! Der englische Philosoph John Locke hat Freiheit als die Fähigkeit beschrieben, innezuhalten und zu überlegen, was man in einer gegebenen Situation tun solle: „Da der Geist, wie die Erfahrung zeigt, in den meisten Fällen die Kraft besitzt, bei der Verwirklichung und Befriedigung irgendeines Wunsches innezuhalten und mit allen anderen Wünschen der Reihe nach ebenso zu verfahren, so hat er auch die Freiheit, ihre Objekte zu betrachten, sie von allen Seiten zu prüfen und gegen andere abzuwägen. Hierin besteht die Freiheit, die der Mensch besitzt."[2] Wenn wir diesem Gedanken nähertreten können, dass also die Freiheit in der Kraft des Innehaltens und Überlegens besteht, so können wir eine Erfahrung, die zum Anhalten und Nachdenken einlädt, eine Einladung zur Freiheit nennen. So gesehen sind Niederlagen Einladungen, Gebrauch von der eigenen Freiheit zu machen. Ein Erfolg verpflichtet auf den nach-folgenden Er-folg. Eine Niederlage verpflichtet auf ein Niederlegen der Werkzeuge und auf ein Nachdenken. Nicht von ungefähr sprechen wir davon, dass manche Menschen erfolgsverwöhnt sind – und entsprechend abgestumpft. Eine Niederlage erzwingt grundsätzliche Fragen. Wie geht es weiter? In welche Richtung? Auf welchem Weg?

In bestimmten geistlichen Traditionen werden Menschen dazu eingeladen, dankbar für ihre Feinde zu sein, denn deine Feinde lehren dich etwas, was du von deinen Freunden nicht lernen kannst. Ähnlich lehren Niederlagen etwas, was wir aus Siegen nicht lernen können. Karl Popper hatte seinerzeit in seiner Wissenschaftstheorie darauf hingewiesen, dass das Scheitern einer wissenschaftlichen Theorie („die Falsifikation") insofern ein wissenschaftlicher Fortschritt sei, als wir durch eine gescheiterte Theorie etwas über die Wirklichkeit lernen können. Mehr noch: Der Ort, an dem eine Theorie scheitert, ist auch ein Ort der Berührung mit der Wirklichkeit. So gesehen sollen wir dankbar für das Scheitern von Theorien sein. Dieser Gedanke lässt sich auch auf das menschliche Leben übertragen – aus Niederlagen lernen wir etwas über uns selbst und etwas über die Natur von Welt und Wirklichkeit.

Siegen und Verlieren

Nun ist es freilich nicht so, dass Sieg und Niederlage so weit auseinanderklaffen – Johannes Chrysostomos erzählt in seinem Kommentar zum Matthäusevangelium davon, dass sowohl Siege als auch Niederlagen „Schulen der Tugend" seien.[3] Man könnte hier den Gedanken verfolgen, dass es dieselben Tugenden sind, die einen Sieger bescheiden und großzügig und einen Verlierer fair und würdig erscheinen lassen. Die Kunst der rechten Niederlage ist nicht zu trennen von der Kunst des maßvollen Sieges. Man kann sich dies vielleicht mit einem biblischen Bild veranschaulichen, das wir im Buch Genesis finden: Josef, der Sohn des Jakob, wird von seinen Brüdern als Sklave nach Ägypten verkauft und kommt dort in die hohe Position eines Verwalters. Er wird in diese Position eingesetzt, um das Volk sowohl durch die sieben fetten Jahre als auch durch die nachfolgenden sieben mageren Jahre zu führen. Kurz: Es ist ein- und dieselbe Menge an Eigenschaften, die erforderlich sind, um gute Zeiten und schwere Zeiten durchzustehen. Die Eigenschaften, über die Josef verfügt, sind Weisheit, Klugheit und ein Überblick über das Land (vgl. Gen 41,33). Diese Eigenschaften, die zum maßvollen Umgang mit den Gütern führen, sind ausschlaggebend für das bescheidene, umsichtige und vorausschauende Erleben der sieben fetten Jahre und das besonnene, disziplinierte und mutige Bestehen der sieben mageren Jahre. Ähnlich dürfte es sich mit Sieg und Niederlage verhalten. Wenn wir im Titusbrief lesen, dass wir durch die Gnade Gottes erzogen werden, „besonnen, gerecht und fromm in dieser Welt zu leben" (Tit 2,12), dann sind diese Eigenschaften von Besonnenheit, Gerechtigkeit und Frömmigkeit wohl ausschlaggebend für das rechte Siegen und das rechte Verlieren. Besonnenheit ist die Kunst des maßvollen, umsichtigen und vorausschauenden klugen Umgangs mit Gütern; sie lässt sich nicht durch Angst einschüchtern oder aus der Ruhe bringen. Besonnenheit trägt zum ruhigen Fließen des Lebens bei. Gerechtigkeit ist die Fähigkeit und die Bereitschaft, jedem Menschen das ihm Zustehende zukommen zu lassen, nach einem Maßstab, der mit Nüchternheit und Barmherzigkeit angelegt wird. Frömmigkeit ist der Blick auf das Wesentliche, die Ausrichtung auf das höchste Gut, die innige Verbundenheit mit Gott, das Bemühen um Gottnähe.

Besonnenheit im Sieg sorgt dafür, dass der Sieger nicht hochmütig wird, sondern das Maß behält; Besonnenheit in der Niederlage hilft, nicht in Panik oder Mutlosigkeit zu verfallen, sondern „kühlen Kopf" zu bewahren. Gerechtigkeit im Sieg zeigt sich in der Achtung vor dem Verlierer, in bescheidener Dankbarkeit angesichts des Wissens um die glücklichen Faktoren, die mitgespielt haben. Gerechtigkeit in der Niederlage zeigt sich in der Fairness der Verlierer, in der Anerkennung des Siegers und der Leistung derjenigen, die den Sieg davongetragen haben. Frömmigkeit im Sieg zeigt sich in der Erfahrung von gnadenhafter Begleitung und einem gewissen Gleichmut dem Sieg gegenüber, Frömmigkeit in der Niederlage bettet die Erfahrung in den Rahmen des Wichtigen und Wesentlichen ein und führt zu einem Mühen um größere Gottnähe. Der würdevolle Sieg ist dann nicht wesensverschieden von der würdevollen Niederlage. Wir könnten uns sogar fragen, inwiefern diese beiden Erfahrungen nicht zusammengehören, um je für sich ihre Würde entfalten zu können. Im Sinne: Wir müssen gewonnen haben, um verlieren zu können, wir müssen verloren haben, um gewinnen zu können. Wenn das aber so ist, dann sind Niederlagen nicht „Luxus", sondern eine Notwendigkeit, um weiterzukommen auf dem Weg der Menschlichkeit.

Lektionen über das rechte Verlieren können wir der jüdischen Tradition entnehmen. Im Buch Genesis, das uns nun schon öfters den Weg gewiesen hat, wird der berühmte Ringkampf Jakobs mit dem Engel geschildert (Gen 32,23–33). Jakob besiegt den Engel trotz aller Anstrengung nicht. Wir können diese Stelle als Quelle für Einsichten in den rechten

Umgang mit Niederlagen deuten. Jakobs Kampf ist ein Beispiel für ein Verlieren mit Würde und in Fruchtbarkeit. Ich möchte sieben Punkte herausgreifen:

(1) Die Selbstverantwortung: Jakob ringt allein. Er zieht niemanden in die Niederlage mit hinein, sucht auch keine Ausflüchte, übernimmt die Verantwortung. Er stellt sich dem Kampf, hat auch dafür Sorge getragen, dass seine Familie in Sicherheit ist. Jakob übernimmt die Verantwortung für den Kampf und für die Niederlage.

(2) Die Fülle der Zeit: Der Kampf dauert die ganze Nacht hindurch; Jakob ringt so lange, bis die Morgenröte auftaucht. Bei Johannes vom Kreuz ist die Nacht ein Bild für die völlige Auflösung des Selbst. Hier stirbt etwas, damit etwas Neues entstehen kann. Die ganze Nacht ist ein Bild für die Fülle der Zeit. Verlieren braucht Zeit. Veränderungen beanspruchen Raum, es gibt die rechte Zeit für die Veränderung, die dann notwendig wird, wenn die Zeit „voll" ist.

(3) Verletzungen: Jakob wird verwundet. Eine Niederlage erinnert uns an unsere Verwundbarkeit, an unsere Zerbrechlichkeit, sie verletzt uns und lässt Narben zurück. Jakob wird an der Hüfte getroffen und hinkt fortan. Eine Niederlage zwingt uns dazu, langsamer zu gehen, vielleicht sogar mit Schmerzen weiterzuziehen, einen Preis zu zahlen, gezeichnet zu sein. Echte, tiefe Veränderung bedeutet eine Verwundbarkeit der alten Intaktheit, der einstmals bestehenden Unversehrtheit. Jakob ist erst nach diesem Ringkampf zu seiner Größe als „Israel", der Stammvater des Volkes Gottes, gekommen. Hinken wird hier nicht als Hindernis auf dem Weg zu Lebenssinn und Lebenstiefe beschrieben, sondern als Weg dorthin. Die Wunde ist Quelle von Lebenskraft und neuer Autorität.

(4) Den Gegner festhalten: Jakob hält den Gegner fest, er lässt ihn nicht los. Jakob zeigt Durchhaltevermögen und Festigkeit. Er bewährt sich als tapferer Mensch in dieser anspruchsvollen Situation, und das macht dieses Verlieren zu einem Verlieren in Würde. Er weicht dem Gegner nicht aus, meidet sozusagen die schwierige Situation nicht.

5) Segen: Jakob spricht zu seinem Gegner: „Ich lasse dich nicht los, wenn du mich nicht segnest" (Gen 32,27). Durch diesen Segen wird der Gegner in einen Freund verwandelt. Durch den Segen, den sich Jakob von seinem Ringgegner holt, wird die Konkurrenzsituation aufgelöst, und das macht die Niederlage leichter erträglich. Wir haben weiter oben gesehen, dass es nicht notwendig ist, jede Situation des Lebens als eine Kampfsituation zu sehen, in der es gilt, Gegner zu besiegen. Jakob verwandelt die Situation von einer Erfahrung von Wettkampf in eine Erfahrung von Gemeinschaft.

6) Beim Namen gerufen werden: In einer auffallenden Szene dieses dramatischen Ringens stellt der Engel, mit dem Jakob kämpft, die Frage nach Jakobs Namen: „Wie heißt du?" (Gen 32,28). Jakob gibt seinen Namen preis; eine Niederlage lässt uns unseren Namen nennen; sie macht offenbar, wer wir sind. Und gleichzeitig werden wir, wenn wir in Würde und Fruchtbarkeit verlieren, zu neuen Menschen. Denn der Engel sagt zu Jakob: „Nicht mehr Jakob wird man dich nennen, sondern Israel [Gottesstreiter], denn mit Gott und Menschen hast du gestritten und hast gewonnen" (Gen 32,29). Diese Stelle ist ein Schlüssel für tiefe Einsichten: Jakob bekommt einen neuen Namen, eine neue Identität, nachdem er durch die Nacht des Ringens gegangen ist, in der das alte Ich gestorben ist. Da er in Würde gerungen hat, hat er als Israel gewonnen, obwohl er als Jakob nicht gewinnen konnte. Es ist auffallend, dass Jakob im nachfolgenden Kapitel die Versöhnung mit Esau erlebt und auch wieder gewinnt, obwohl er sich seinem Bruder unterwirft und strenggenommen verloren hat. So könnten wir sagen: Die würdigen Niederlagen des Jakob sind die Siege des Israel.

7) Die Niederlage behält eine Offenheit: Jakob erfährt den Namen seines Gegners nicht. Er fragt und erhält die Antwort: „Was fragst du mich nach meinem Namen?" (Gen 32,30). Die Niederlage behält im Sinne einer offenen Wunde etwas Unauflösbares zurück, einen dauernden Auftrag, ein Geheimnis. Die tiefe, identitätsstiftende und namengebende Nieder-

lage ist nicht ausschöpfbar. Es bleibt etwas offen. Das haben wir auch im Beispiel des Trainers in Grishams Buch gesehen: Selbst wenn der Trainer die Aussöhnung mit den Eltern des Verstorbenen gesucht hat, bleibt ein unausschöpfbares Etwas, in dem die Wunde noch immer vorhanden ist, zurück. Die Fruchtbarkeit einer Niederlage zeigt sich daran, dass die Niederlage eine gewisse Kraft behält.

Schule der Tapferkeit

So können wir am Beispiel des Jakob etwas über das rechte Ringen, das würdige Verlieren, den Willen zur tiefen Veränderung angesichts des verweigerten Erfolgs erkennen. Eine Niederlage ist eine Schule der Tapferkeit. Wenn wir mit Niederlagen umgehen müssen, dann brauchen wir innere Festigkeit und die Kraft, schwierige Vorhaben durchzustehen. Diese Tugend nennt man in der philosophischen Tradition die Tapferkeit oder die „fortitudo". Aristoteles versteht unter Tapferkeit die Fähigkeit, in Gefahr schön zu handeln, und die Fähigkeit, Schmerzliches zu ertragen um etwas Edlen willen.[4] Was heißt das für den Umgang mit Niederlagen? Du musst wissen, warum du einen Weg gehst; du darfst das Ziel nicht aus den Augen lassen. Du musst den Blick auf das Ganze halten; du musst dein Leben in einen größeren Zusammenhang einbetten. In den sogenannten therapeutischen Argumenten, den „heilenden Gedankengängen" in der philosophischen Literatur findet sich stets die Einladung zur Einbettung von leidvollen Erfahrungen in einen größeren Zusammenhang. Der Blick auf das Ganze kann das Einzelne relativieren; der Blick auf das Ziel kann die Kraft geben, trotz Widrigkeiten weiterzugehen und sich nicht entmutigen zu lassen. Es geht um das Maß – der Blick auf das Wesentliche gibt den rechten Maßstab an die Hand. Die Tapferkeit, die durch Widrigkeiten geweckt und vertieft wird, hat nach Aristoteles mit dem rechten Maß zu tun. Tapferkeit ist ein Mittelweg, eine Mitte zwischen Feigheit und Tollkühnheit. Tapferkeit ist maßvolles, vernunftgeleitetes Handeln, das Hindernisse überwindet um eines edlen Zieles willen. Diesen Gedanken finden wir, mehr als 1500 Jahre später, wieder bei Thomas von Aquin. Tapferkeit wird von Thomas als die Fähigkeit verstanden, Hindernisse zu beseitigen, die dem vernunftgemäßen Verfolgen von Zielen entgegenstehen.[5] Das heißt: Der tapfere Mensch hat Ziele, und diese Ziele sind ihm wertvoll. Um dieser wertvollen Ziele willen ist ein Mensch bereit, auch mit Widrigkeiten umzugehen. Die Tapferkeit ist die Tugend, die uns daran hindert die Flinte ins Korn zu werfen um des höheren Zieles willen, das wir auch rechtfertigen können, das für uns wertvoll ist. Durchhaltevermögen und innere Festigkeit sind die beiden Eckpfeiler der Tapferkeit bei Thomas; sie machen es möglich, nach hochsinnigen und wertvollen Dingen zu streben, auch wenn es schwerfällt. Thomas Buergenthal beschreibt in seinen weiter oben erwähnten Kindheitserinnerungen an die 1940er Jahre in Polen Menschen, die trotz der schwierigen und schwersten Umstände an ihren moralischen Idealen festgehalten haben, sich nicht von den Zeiten und den Umständen korrumpieren ließen.[6] Das ist Tapferkeit. Umgekehrt ist die Feigheit, wie wir bei Montaigne lesen können, die Mutter der Grausamkeit.[7] Das kann man so verstehen: Wenn du es nicht gelernt hast, tapfer zu sein – und Niederlagen sind ein wichtiges Werkzeug auf dem Weg zur Tapferkeit –, dann neigst du zur Grausamkeit, zur überharten Behandlung von anderen. Menschen, die du als „Verlierer" abstempelst.

Der rechte Umgang mit dem Scheitern ist ein Umgang, der das „Ja" zum Leben weiterhin ermöglicht und anderen Menschen keine Lebensmöglichkeiten nehmen möchte. Der rechte Umgang mit dem Scheitern verlangt nach Tapferkeit und lässt Scheitern zu. Denn Tapferkeit bedeutet gerade nicht, „keine Angst zu haben". Im Gegenteil: Der tapfere Mensch weiß, wann es angebracht ist, sich zu fürchten und mit großer Behutsamkeit an Dinge heranzugehen. Tapferkeit bedeutet, „das rechte Fürchten zu lernen". Das bedeutet nun aber, dass Scheitern auch in die Tiefe gehen soll, damit es als Lernerfahrung für Tapferkeit taugt. Wir haben bereits am Beispiel des ringenden Jakob gesehen, dass eine Niederlage verwundet, um in die Tiefe zu gehen. Die Tapferkeit wird nicht durch oberflächliche Erfahrungen geschult. Wir müssen einer gewissen Tendenz, Niederlagen zu schnell als „versteckte Siege" anzusehen, entgegentreten. Wir müssen der Versuchung entgegenstehen, die Tiefe von Niederlagen gar nicht erst zuzulassen, den Schmerz nicht Wohnung nehmen zu lassen. Trauern ist angebracht, wenn ein schmerzvoller Verlust, eine bittere Niederlage erlitten wurde. Wer auf oberflächlichem, niedrigem Niveau verliert, steht dem eigenen Lernen entgegen. Niederlagen führen zu jener harten „Arbeit an uns selbst", wenn sie in die Tiefe gehen. Leiden kann uns verändern, wenn wir zulassen, dass das Leiden unsere Identität berührt, das prägt, was wir sind und sein werden. Tapferkeit ist der Umgang mit Widrigkeiten, die aber als Widrigkeiten erkannt werden müssen. Aus diesem Grund kann Leiden auch kein Wert in sich sein, sondern wird um eines höheren Gutes willen ertragen und durchlitten. Tapferkeit ist die Fähigkeit, auch in der Konfrontation mit Hindernissen Kurs zu halten – weil man das Wesentliche, das je höhere Ziel im Blick hat. Diese Fähigkeit ist denn auch verbunden mit der Fähigkeit, das eigene Leben als Einheit zu sehen und zu erkennen, was wichtig und wertvoll ist. Die Identität von uns Menschen ist darauf ausgerichtet, inmitten unserer Geschichtlichkeit und Widersprüchlichkeit eine Einheit zu bilden. Man könnte es auch so ausdrücken: Eine der Hauptaufgaben, die wir tagein, tagaus haben, besteht darin, die einzelnen Teile unserer Geschichte und die einzelnen Teile unseres Selbst nicht zu weit auseinandertreiben zu lassen. Unser Selbst soll nicht zerfallen wie ein altes Haus, die Teile unserer Identität sollen nicht in verschiedene Richtungen auseinanderlaufen wie Pferde, die in verschiedene Richtungen durchgehen. Identitätsarbeit ist Arbeit an der Einheit des

Selbst. Wenn ich eine Niederlage erlitten habe, dann besteht die Herausforderung gerade darin, dieses Scheitern aus dem Selbstverständnis nicht einfach auszuklammern, sondern „Ja" zu sich selbst sagen zu können, auch angesichts und eingedenk der Niederlage und des Scheiterns. Es erfordert harte Arbeit an sich selbst, der Niederlage ins Auge zu sehen und zu sagen: „Auch das bin ich, auch das gehört zu mir. Ich bin auch der, der scheitert und gescheitert ist; ich bin auch die, die diese Niederlage erlitten hat, und diese Niederlage wird nun Teil meiner Geschichte". Tapferkeit ist die Fähigkeit, Leiden um eines höheren Gutes willen zu ertragen und den Sinn für Selbst und Integrität nicht zu verlieren. Jakob erweist sich als tapfer, weil er nach seinem Kampf, hinkend und mit neuem Namen, seinem Bruder Esau, der ihm feindlich gesinnt ist, entgegentritt.

CLEMENS SEDMAK

Der verdrängte Tod

Der Tod ist groß.
Wir sind die Seinen
Lachenden Munds.
Wenn wir uns mitten im Leben meinen,
Wagt er zu weinen
Mitten in uns.
RAINER MARIA RILKE

„Wenn wir uns mitten im Leben meinen ..."
Unser Leben ist ein Geschenk, zerbrechlich und begrenzt.

Das Leben wählen heißt, Schwierigkeiten, Erfolglosigkeit, Rückschläge, Angst in Kauf zu nehmen, Leid und Schmerzen auszuhalten. „Herr, bewahre mich vor dem naiven Glauben, es müsste im Leben alles glattgehen", lesen wir bei Antoine de Saint-Exupéry. Es ist kein Rosengarten unser Leben, das lehrt uns die menschliche Erfahrung, und unweigerlich treffen uns im Laufe der Jahre Leid, Verlust und Tod. Die Frage nach dem Sinn von all dem Schweren stellt sich wohl jeder, der eben „in finsterer Schlucht" wandern muss. Aber was für ein Leben wäre das, ohne Höhen und Tiefen, ohne Möglichkeiten durch Leiden in der Menschlichkeit zu wachsen, sensibel zu werden für die seelische Not der anderen.

„Es braucht Verwundbarkeit, wenn man andere verstehen will", schreibt Jean Vanier, der Gründer der „Arche". „Ich glaube, dass es genau diese Verwundbarkeit ist, die uns hilft, den Sinn des Lebens und die Gegenwart Gottes in unserer Welt zu verstehen ..."

„Der Tod ist groß.
Wir sind die Seinen ..."

Längst haben wir ihn, der einst so selbstverständlich zum Leben gehörte, aus unserem Alltag verdrängt. Er passt nicht in die Spaß- und Erfolgsgesellschaft. Über Trauer und seelische Verletzungen zu reden ist kein Thema. Jung, fit und leistungsfähig zu sein, das ist es, was erwartet wird. Der Tod findet nicht mehr in der Familie statt, man stirbt unauffällig im Spital, im Alters- oder Pflegeheim. Wir haben es verlernt, unbefangen mit diesem Thema umzugehen, obgleich es jeden von uns einmal treffen wird.

„It will happen to you …" lesen wir bei Joan Didion in *The Year of Magical Thinking*. „Es wird Ihnen passieren. Die Einzelheiten werden andere sein, aber es wird Ihnen passieren …"

Früheren Jahrhunderten waren Tod und Leben nahezu ein Geschwisterpaar. Mitten im Leben sind wir vom Tod umfangen, Tod und Leben gehören zusammen, Memento mori … Betrachtet man etwa die bildlichen Darstellungen der Barockzeit, finden sich häufig Skelette und der triumphierende Schnitter Tod, in Kirchen, auf Grabsteinen, selbst an kunstvollen Rosenkränzen baumelte nicht selten ein Totenkopf aus Silber oder Elfenbein. Der Tod war in allen Lebensbereichen gegenwärtig und etwas Vertrautes, die Friedhöfe lagen mitten im Ort rund um die Kirche, die Menschen starben früh, die Kindersterblichkeit war groß, der ärztlichen Kunst gelang es selten, dem Tod ein Schnippchen zu schlagen.

So wie die Bilder war auch die Sprache der Barockzeit drastisch und unumwunden, wenn es um den Tod ging.

Die Aufklärung und der Fortschritt der Wissenschaften trugen zur Verdrängung des Todes bei. Die Obrigkeit war besorgt um das Wohl der Bürger, der Friedhof wurde zum urbanen Problem. Auch die Reformen Josephs II. auf dem Gebiet des Bestattungswesens zielten in diese Richtung.

Angst vor Gesundheitsgefährdung und Grundwasserverseuchung drängen die Friedhöfe aus dem Zentrum der Städte. Die neu angelegten Zentralfriedhöfe haben viel Ähnlichkeit mit einem Park, in dem der Trauernde Trost finden soll. „Eingefriedete Trauer", nicht zu nahe bei den Lebenden, wenngleich in den vergangenen Jahrzehnten mit dem fortschreitenden Mangel an Baugründen die Wohnsiedlungen wieder näher an die Toten heranrückten.

Dennoch strahlen auch diese planmäßig angelegten Friedhöfe etwas von dem aus, was den alten Kirchhöfen eigen war. Noch immer sind sie Orte der Kontemplation, der Stille und des Betens für jene, die einen geliebten Menschen verloren haben. Sie sperren den Trubel des Tages aus, den Lärm der Welt, alles Aufgeregte und allzu Bunte, alle Hektik und Geschäftigkeit. Sie künden von Liebe, die über das irdische Leben hinausgeht, von dankbarem Erinnern und der Hoffnung, dass alles wieder gut wird, obwohl nichts mehr so ist, wie es war.

Trauer braucht Raum und Erinnerungsplätze.

Wie sehr die meisten Trauernden eines konkreten Ortes für ihre Trauer bedürfen wird deutlich, wenn ein geliebter Mensch „vermisst" ist. Vielleicht ist vermisst sein schlimmer als tot, weil die Trauer nicht abgeschlossen werden kann. Hoffnung und Verzweiflung, Verzweiflung und Hoffnung, über Jahre, vielleicht Jahrzehnte.

Kriege sind auch in dieser Hinsicht besonders grausam. Hunderttausende vermisste Soldaten in den beiden Weltkriegen, nach den Kriegseinsätzen in Korea und Vietnam ... überall auf der Welt, wo die Geißel des Krieges zuschlägt.

Noch Jahre nach dem Zweiten Weltkrieg gab es Radiosendungen mit Suchmeldungen des Roten Kreuzes, ein ehemaliger Kamerad schickte vielleicht einen Brief, dass der Gesuchte vermutlich umgekommen sei, das Leben verloren habe, ja wahrscheinlich ... Dieses „vermutlich" und „wahrscheinlich" lässt das kleine Flämmchen Hoffnung immer weiterglimmen, gegen alle Logik und menschliche Erfahrung. Wahrscheinlich tot, sicher tot, aber vielleicht ... Es gibt die Geschichten von Kriegerswitwen, die jahrelang zusammenzuckten, wenn es an der Tür klingelte.

Und irgendwann lässt man den Vermissten für tot erklären, wegen einer Versicherung, einer Witwenpension oder auch wegen einer neuen Bindung: das hat einen schalen Beigeschmack, als könnte man es nicht erwarten, obwohl rechtlich alles korrekt ist.

Vermisst … Angehörige können keinen Leichnam in ein Grab legen lassen, das sie mit Kränzen, Kreuzen und Blumen schmücken, wo sie beten und des Verstorbenen in Liebe gedenken.

Bei älteren Gräbern findet man nicht selten eine zusätzliche Tafel aufgestellt, etwas Sichtbares gegen die Ungewissheit: Vermisst in Russland und dazu das Geburtsjahr und das Jahr des letzten Lebenszeichens, zwanzig Jahre Leben, vierundzwanzig, zweiunddreißig …

„Den Ort, an dem du bist, schmücken", das ist ein tiefes Bedürfnis, und so sind Gräber wie kleine Gärten, die man für den geliebten Toten bepflanzt und schmückt: Hyazinthen und Tulpen im Frühling, Begonien im Sommer, Chrysanthemen im Herbst. Nicht von ungefähr gedenken wir unserer Toten Anfang November in besonderer Weise. Es ist die Zeit des sanften Sterbens in der Natur, der fallenden Blätter und der kürzer werdenden Tage. Mögen auch Kommerz und Pflichtschuldigkeit bei Allerheiligen und Allerseelen mit im Spiel sein, vielen ist es ein Bedürfnis, an diesen Tagen jenen gedanklich nahe zu sein, die uns vorausgegangen sind. Jeder Mensch braucht Gemeinschaft, braucht die Hilfe so vieler, um das Leben zu bewältigen.

Manchmal ist der Allerheiligentag noch voll Sonne, ein kostbares Geschenk vor dem endgültigen Niedergang, in anderen Jahren versinkt der Friedhof im Nebel, und nur die roten Grabkerzen geben Licht und wärmen die Seele.

Dann wandern die Gedanken wohl auch zu anderen Friedhöfen, wo Menschen bestattet sind, die uns lieb und vertraut waren.

Von Hans Weigel gibt es eine berührende Schilderung der „Israelitischen Abteilung" am Wiener Zentralfriedhof, den der Heimkehrer aus dem Exil nach dem Schrecken des Holocausts besonders im November gerne besuchte.

Man sollte sich Zeit für diesen gestorbenen Friedhof neh-
men... Prominenz von anno dazumal, Namen, die man
kaum mehr kennt. Und dahinter erstrecken sich Gräberal-
leen, weit, weit, wie die Unendlichkeit, die einzige Juden-
stadt, die geblieben ist, wie sie gewesen ist. Viele Gräber
sind verfallen, zerstört, überwuchert, manche sind gepflegt,
und ich weiß nicht, was rührender ist, der Verfall oder die
armselige Schmückung. Doch dies alles stimmt mich nicht
traurig, für mich ist dieser Wiener Friedhof wie ein langsa-
mer Satz von Franz Schubert ... [1]

Vor dem Hintergrund der NS-Greuel und der Judenver-
nichtung wird auch ein kleines Gedicht von Mascha Kaléko
(1907–1975) über den Tod, „Vor meinem eignen Tod ist mir
nicht bang", zum bedeutungsschweren und beklemmenden
Text. Ihr Leben war überschattet von Flucht, Exil und Heimatlosigkeit. Geboren im damals österreichischen Galizien
hat die Übersiedlung der jüdischen Eltern mit ihrer Tochter
nach Deutschland schon etwas von Flucht an sich, um Ausgrenzung und Schwierigkeiten zu entgehen. Frankfurt, Mar-
burg, Berlin bieten Heimat. Vor den Nationalsozialisten flieht
Mascha Kaléko in die USA, kehrt aber nach dem Krieg nach
Berlin zurück. Später nach Israel ausgewandert, wird sie auch
dort nicht mehr heimisch. „Der weiß es wohl, dem gleiches
widerfuhr", heißt es in der letzten Strophe ihres Gedichts,
„und die es trugen, mögen mir vergeben. Bedenkt: den eignen
Tod, den stirbt man nur, doch mit dem Tod der andern muss
man leben."

Ich besuche gerne Friedhöfe, nicht erst seit liebe Menschen,
vor allem mein geliebter Mann, mir in eine bessere Welt vorausgegangen sind.

Altbischof Reinhold Stecher schreibt, ein Gang über den
Friedhof lade zum Beten ein „zwischen Kreuzen und Steinen
und unzähligen Lebensschicksalen, bekannten und unbe-
kannten, die alle im Drüben sind, den Fragwürdigkeiten des

Daseins enthoben und einer großen Barmherzigkeit überantwortet ..."[2]

Aber Friedhöfe sind nicht nur für Trauernde und Beter. Wessen Herz für Kultur- und Kunstgeschichte, für Musik und Literatur schlägt, wird dort viel Schönes finden. Stundenlang kann man über den Salzburger Kommunalfriedhof wandern und immer wieder Gräber mit bekannten Namen entdecken: Der Dichter Hermann Bahr fand hier seine letzte Ruhestätte, auch seine Gattin Anna Bahr-Mildenburg, die berühmte Wagner-Heroine und Kammersängerin der Wiener Hofoper. Der bedeutende Porträtmaler Sebastian Stief und die Schriftstellerin Alja Rachmanova sind hier begraben, Anna Bertha von Königsegg, die als Visitatorin der Barmherzigen Schwestern in Salzburg heftig gegen die Euthanasiepolitik der Nationalsozialisten kämpfte, und der Afrikaforscher Oscar Baumann, Entdecker einer der Nilquellen, der mit 35 Jahren 1899 an einer Tropenkrankheit verstarb.[3]

Unweit der Festspielstadt Salzburg und nahe von Schloss und Tiergarten Hellbrunn liegt im Friedhof von Anif einer der ganz Großen unter den Künstlern des 20. Jahrhunderts begraben – Herbert von Karajan. Was mich an diesem Grab immer wieder rührt, ist seine Schlichtheit, ein einfaches schmiedeeisernes Kreuz auf einem kleinen Steinsockel mit dem Namen und den Lebensjahren: 1908–1989. Die Grabfläche ist das Jahr über voll mit bunten Blumen bepflanzt, manchmal liegt auch eine langstielige rote Rose dort, und zur Zeit der Osterfestspiele, deren Gründer Herbert von Karajan war, schmücken in jedem Jahr wunderschöne Kränze das Grab. „In dankbarer Erinnerung", steht auf den Schleifen, und: Osterfestspiele Salzburg, Die Berliner Philharmoniker, Sony DADC, oder auch nur ein Name: Placido Domingo. Dankbarkeit, die nun schon so viele Jahre währt.

Als Kirchhof einer versunkenen Zeit, in der die Lebenden und die Toten eng beisammenblieben und der Tod allgegenwärtig war, ist der Friedhof von St. Peter in Salzburg erhaltengeblieben, ein Memento mori von unvergleichlicher Schönheit. Georg Trakl (1887–1914), dessen kurzes Leben von so viel Tragik umflort war, hat ihm in einem seiner Gedichte ein Denkmal gesetzt:

St.-Peters-Friedhof

Ringsum ist Felseneinsamkeit.
Des Todes bleiche Blumen schauern
Auf Gräbern, die im Dunkel trauern –
Doch diese Trauer hat kein Leid.

Der Himmel lächelt still herab
In diesen traumverschlossenen Garten,
Wo stille Pilger seiner warten.
Es wacht das Kreuz auf jedem Grab.

Die Kirche ragt wie ein Gebet
Vor einem Bilde ewiger Gnaden,
Manch Licht brennt unter den Arkaden,
Das stumm für arme Seelen fleht –

Indes die Bäume blüh'n zur Nacht,
Dass sich des Todes Antlitz hülle
In ihrer Schönheit schimmernde Fülle,
Die Tote tiefer träumen macht.

CHRISTINE UNTERRAINER

Der Verlust des Partners

ANFANGS WAR DIE KRANKHEIT KAUM ZU bemerken. Sie begann so unauffällig, dass man sie leicht übersehen oder auch ignorieren konnte. Aber eines Tages half weder das eine noch das andere, und wir begannen mit ihr zu leben, und das Rad der Verschlechterung drehte sich immer schneller; fünf Jahre, in denen es nur bergab ging.

Unser Bewegungsradius wird immer kleiner, der Rollstuhl ersetzt das Gehen, schließlich müssen wir auch ihn in die Ecke stellen, weil wir ihn nicht mehr brauchen.

Oft bin ich verzweifelt und wie zerschlagen und immerzu müde. Jede Nacht einige Male aufstehen und dazwischen häufig wachliegen.

Wir leben mit Pflegebett und Sauerstoffflasche. Dank „Liquid Air" flackert dieses Fünkchen Leben weiter. Die blaulackierte Flasche steht mit der Gefährlichkeit einer Bombe im Zimmer, und eine zweite haben wir auf Vorrat, es könnte sein, dass wir mehr brauchen als veranschlagt, und eine Lieferung zwischendurch kann nicht so schnell erfolgen. Der Sauerstoff säuselt je nach Einstellung auf der Skala einschläfernd und beruhigend oder zischt unangenehm laut. Er trocknet die Schleimhäute aus und erschwert das Reden, und so verbindet uns manchmal nur das Schweigen. In einer starken Bindung weiß man auch ohne Worte, was den anderen bewegt.

Ich lebe sehr in der Gegenwart, und am Abend denke ich: wieder ein Tag geschafft. Noch bist du bei mir, das ist ein großes Glück, wenn auch begrenzt und zerbrechlich. Dein Da-Sein macht jeden Tag aufs neue kostbar. Und wenn du schläfst, können auch die ewig unterdrückten Tränen fließen.

Wir versuchen so etwas wie Normalität in den Alltag zu bringen, mit immer größeren Abstrichen. Wie weit sind wir von Normalität entfernt, und die Entfernung wird immer größer. Was wäre das, so ein Alltag wie früher, ohne großartige Ereignisse, aber voll von erfreulichen Kleinigkeiten und Besonderheiten und geborgen im Glück der Partnerschaft. Ich schwanke zwischen Verzweiflung und Hoffnung wider alles Wissen und weiß doch im Grunde meines Herzens, dass es keine Hoffnung auf Genesung gibt.

Nichts mehr selber machen können, rein gar nichts, den ganzen Tag im Bett verbringen, und in den letzten Wochen ist die Schwäche so groß, dass ich das Ändern der Lage von einer Seite auf die andere übernehme. „Wundliegen" wird zum Horrorwort für mich, und wenn ich daran denke, falle ich in Panik

Ich bewundere deine Geduld, wie du alles geschehen lässt, das schmerzhafte Wechseln der Verbände, das Anlegen des dünnen Schlauches, der dich mit der Sauerstoffflasche verbindet, das Hin- und Herdrehen alle zwei Stunden. Für alles bist du dankbar. Wenn die Morgensonne das Zimmer erhellt und einen zarten Keil auf die Wand malt, freust du dich, und es scheint, dass du neue Hoffnung schöpfst, und ich lächle dir aufmunternd zu. Auch einem Todkranken lächelt man tapfer ins abgezehrte Gesicht. Es könnte wohl auch sein, dass wir uns gegenseitig etwas vormachen, um dem anderen nicht wehzutun. Vielleicht hast du alles gewusst.

Es ist Herbst geworden, Mitte Oktober. Beinahe in jedem Jahr schenkt uns ein Föhneinbruch um diese Zeit einige wunderbar warme Tage, die den Abschied so schwer machen. Der Himmel ist wolkenlos wie aus Seide, und die Sonne strahlt, als wollte sie den Sommer zurückbringen. Ich sitze an deinem Bett vom frühen Morgen weg und halte deine Hand, und die Stunden verrinnen, und irgendwann ist es Abend. Nach einem Anfall, den ich nicht deuten kann, rufe ich die Rettung. Zwei junge freundliche Rotkreuzmänner kommen mit einer Trage. (Rotkreuzmänner sind meist jung, und alle sind sie feinfühlig und freundlich. Wie oft habe ich das in den letzten Jahren erfahren.) Sie sehen dich an, wie du abgemagert und armselig daliegst, und der eine sagt zu mir: „Wenn Sie es aushalten, dann nehmen wir Ihren Mann nicht mit …" Wenn sie es aushalten … „Nahe ist der Herr den zerbrochenen Herzen" (Ps 34,19). Du atmest schwer und bist nicht mehr ansprechbar, aber du bist noch da, das macht einen Riesenunterschied.

Einige Minuten vor Mitternacht verlässt mich deine liebe Seele. Dein Körper ist noch warm, und ich streichle deine Hände und dein Gesicht und begreife doch nichts. Tot – die Wahrheit kommt nicht an mich heran. Es ist wie ein dichter Nebel, der mich schützt, und ich agiere wie ein Automat, fühle mich wie auf einer Eisfläche, die jeden Moment unter mir einzubrechen droht. Ich rufe bei der Bestattung an, die in dieser Nacht Dienst hat, und eine sehr sanfte Stimme sagt mir, dass am nächsten Tag um 9.00 Uhr zwei Mitarbeiter vorbeikommen werden. Noch eine gemeinsame Nacht, eine letzte nach einunddreißig gemeinsamen Jahren. Ich schlafe tatsächlich ein, bin einfach zu erschöpft, geschockt, irgendwie nicht bei mir selbst.

Am Morgen dann der endgültige Abschied von der „geliebten Hülle", wie es in Parten um 1900 so oft formuliert wurde.

Du entfernst dich so schnell …
Dein Schweigen – Meine Stimme
Dein Ruhen – Mein Gehen
Dein Allesvorüber – Mein Immernochda.
Marie Luise Kaschnitz

Es ist seltsam, dass ich mich nach Jahren an alle Details deines Todestages erinnere, aber jene Tage bis zum endgültigen Abschied verschwimmen und sind ohne Konturen. Es ist so viel zu erledigen und vorzubereiten, die Bürokratie mit all ihren Vorschriften beim Tode eines Menschen nimmt von mir Besitz. Ich spüre noch immer deine Nähe, erwarte, dass du da bist, wenn ich heimkomme, oder glaube, du liegst wieder im Spital, ein Zustand wie unter einer milden Narkose.

Auch der Tag, an dem ich von dir Abschied nehme, ist voll Sonne – eine sterbende Sonne Ende Oktober. Mozarts „Ave verum", eine Aufnahme mit wunderbaren Künstlern, klingt überirdisch schön, und mmer noch, wenn ich es höre, kommen die Bilder dieses Tages in mir hoch: ringsum das sanfte Sterben der Natur, die tiefstehende Sonne, die frischen Blumen ... und in mir bricht alles auseinander.

Es wird Jahre dauern, bis ich mich zurücktaste ins Leben.

Wenn ich aufwache
steht die Leere mitten im Zimmer
wartet auf mich und hat Zeit.
Sie wird auch morgen noch dastehen
den Tag darauf und im Frühling, im Sommer und im nächsten
Jahr
und in zehn Jahren
wird die Leere dastehen mitten im Zimmer.
GITTA DEUTSCH

Es bleibt so viel Zeit, seit ich dich nicht mehr pflegen muss – ach nein, nicht muss. Es wäre das Schönste, was ich tun könnte. Zehn Minuten in deiner lieben Nähe – was gäbe ich dafür. Immer ist mir kalt, immer fröstelt mich. Es ist wohl so, dass die frierende Seele den Körper nicht mehr wärmen kann. „Mein Herz ist wie erfroren ..."

Auch in der Lyrik gibt es oft dieses Bild von Winterkälte, Eis und Erstarrung, wenn es um Schmerz und Trauer geht. Franz Schuberts „Winterreise" nach Gedichten von Wilhelm Müller, die ich vom ersten Hören an geliebt habe, ist ein getreues Abbild meines Zustandes. Im Todesjahr 1828 geschrieben, ist diese Musik voll Düsternis und Verzweiflung. Schubert selbst nannte sein Opus einen „Zyklus schauerlicher Lieder", und Joseph von Spaun , einer seiner engsten Freunde, überliefert: „Wir waren über die düstere Stimmung der Lieder ganz verblüfft ... aber Schubert sagte, mir gefallen diese Lieder mehr als alle, und sie werden euch auch noch gefallen ..."

„Gefrorene Tränen", „Erstarrung", „Einsamkeit", „Die Krähe", „Letzte Hoffnung" – schon die Titel künden von

Kälte und Hoffnungslosigkeit, und „Das Wirtshaus" meint den Totenacker, ein „kühles Wirtshaus", das der Wanderer betritt.

Meine Sehnsucht nach Wärme und Sonne ist groß, und dabei geht es nicht um jene Zeit des Jahres, in der man dies alles erwarten kann, es ist die Sehnsucht nach menschlicher Wärme, die mir so viele Jahre hindurch geschenkt wurde. Ich lese einen schönen Vergleich in einem Liebeslied. Es geht mir immer wieder durch den Kopf: „Du bist wie Sonne auf meiner Haut". Du warst wie Sonne auf meiner Haut, du wirst nie mehr wie Sonne auf meiner Haut sein.

An manchen Tagen nehme ich es dir übel, dass du gestorben bist. Dann werde ich beinahe wütend. Warum hast du mich im Stich gelassen? Du bist einfach weggegangen wie ein Deserteur. Aber gleich darauf fällt mir vieles ein, wo ich dir nicht in Liebe begegnet bin, Gedanken an Versäumtes und Versagen beginnen mich zu quälen. Die Reue ist bitter, und der Schmerz über deinen Tod wird fast unerträglich. Nie mehr kann ich dich um Verzeihung bitten, mit all meinem Bemühen nie mehr etwas ändern.

Ich habe dir nicht oft genug gezeigt,
dass ich dich liebe.
Nun schreie, sage, flüstere und bete ich es,
als könnte meine Liebe dich erreichen ...[1]

Warum stirbt man nur im Märchen am „gebrochenen Herzen"? Es wäre so einfach.

Nach Monaten beginne ich, mich von einem Teil deiner Kleidung zu trennen – wie weh das tut. Die letzte Zahnbürste, der Rasierpinsel stehen im Bad, stehen nach Jahren immer noch dort. In jedem Zimmer Bilder von dir, wie jung du darauf aussiehst, wenn ich sie heute betrachte. Tote werden in der Erinnerung und auf Fotos nie mehr älter. Im Wohnzimmer ist eine Gedenkecke: ein Urlaubsfoto im Silberrahmen, ein

„Bild aus glücklichen Tagen", wie das so heißt, deine Uhr, die Erinnerungsmappe, die das Bestattungsunternehmen zusammengestellt hat, und eine Kerze, auf der man rundum Rilkes „Liebeslied" lesen kann:

Wie soll ich meine Seele halten, dass
sie nicht an deine rührt? Wie soll ich sie
hinheben über dich zu andern Dingen?
Ach gerne möcht ich sie bei irgendwas
Verlorenem im Dunkel unterbringen …

Manchmal blättere ich in den Fotoalben, die ich über die Jahre angelegt habe: glückliche Tage, besondere Tage, Familienurlaube, und man sieht, wie die Kinder größer werden. Ich habe Sehnsucht, dich zu umarmen, aber die Bilder sind flach, zweidimensional, ungeeignete Objekte.

In einem irischen Segensspruch lese ich „… und mögest du dich immer gehalten wissen von der zärtlichen Umarmung Gottes …" Ich mag Umarmungen, sie sind ein so schönes Zeichen von Liebe und Freundschaft, haben auch etwas sehr Tröstliches in Zeiten der Trauer und helfen oft mehr als gut gemeinte Worte.

Bald nach dem Tod meines Mannes treffe ich einen seiner ehemaligen Schulkollegen aus der Mittelschulzeit. Wir kannten uns flüchtig, grüßten einander, wenn sich am Morgen unsere Wege manchmal kreuzten, er in sein Amt ging und ich in die Bibliothek. Er ging auf mich zu und nahm mich einfach in die Arme, sagte wohl auch etwas, das ich vergessen habe, aber diese liebe, tröstende Geste blieb mir in Erinnerung.

Kondolenzkarten gehören auch zum Ritual, wenn ein Mensch, den viele kannten, stirbt. Dort wo der Tod in das Leben eingreift, ist es gut, dass es solche Rituale zur Bewältigung der Trauer gibt. Sie machen in schweren Zeiten Gemeinschaft erlebbar, und Gemeinschaft kann viel Wärme geben.

Darf man per Email kondolieren? heißt ein provokanter Buchtitel über Benimmregeln im 21. Jahrhundert.[2] Für mich haben auch Emails, wenn sie mit Liebe geschrieben sind, eine kleine Seele, und sie erreichen den Adressaten so schnell, das ist wichtig, wenn es gilt, jemanden zu trösten. Eine Bekannte legte ihrem Schreiben einen Text von Jörg Zink bei, der sehr feinfühlig davon spricht, dass der Versuch, die Toten zurückzurufen, das Wiederhabenwollen, das Umkehren einer Tatsache, die nicht umkehrbar ist, auf längere Sicht eine Heilung des Seele verhindert.

Mit diesem Wunsch machst du dir das Herz schwerer und deinen Weg sinnloser. Nicht das ist ja das Ziel, dass die Toten zurückkommen oder wir sie festhalten, sondern dass wir ihnen nachgehen ... Also schicke deine Liebe und Dankbarkeit hinüber und deine Bereitschaft loszulassen, schick dein Gebet hinüber und bereite dich darauf vor, ihn zu finden, wenn du selbst hinüberkommst ...[3]

Wenn die großen Lebensfragen wie Krankheit, Leid und Tod nicht Theorie bleiben, sondern ins eigene Leben einbrechen, dann können wir sehr bewusst darüber nachdenken, wo denn Halt zu finden sei. Was gibt uns Boden unter den Füßen? Für viele ist es der Glaube. Aber er lässt sich nicht „anknipsen wie eine elektrische Glühbirne" schreibt die evangelische Bischöfin Margot Käßmann. Gottvertrauen fällt nicht einfach vom Himmel. Wir müssen „unserem Glauben Zeit und unserer Seele Raum geben".[4] Dann wächst er über die Lebensjahre auch unter Tränen und Verzweiflung.

Keine Träne umsonst geweint
keine Klage umsonst geschrien
kein Dunkel umsonst durchlebt.
Du bewahrst meine Tränen, mein Klagen, mein Dunkel
bei dir bin ich aufgehoben ...[5]

Wer sich darauf einlässt, wird auch beim Tod eines lieben Menschen im Glauben Trost finden. Nicht dass der Schmerz geringer würde, die Trauer schneller vorbeiginge, das Loslassen einfacher wäre … Aber das Aufgehobensein, das Nicht-tiefer-als-in-Gottes-Hände-fallen-Können, ist ein sicheres Netz gegen den Absturz.

Zwei Schriftstellen sind mir in der Zeit der größten Trauer besonders kostbar geworden:„Ihr sollt nicht trauern wie die, die keine Hoffnung haben …" (1 Thess 4,13–14) ist die eine. Bischof Erwin Kräutler schreibt mir nach dem Tod meines Mannes einen liebevollen Brief aus Altamira in Brasilien: „Ich interpretiere diese Stelle nicht in dem Sinne, dass wir nicht trauern dürfen oder sollen. Die Betonung liegt auf dem ‚wie‘, und darin erkenne ich den Unterschied: Trotz allem Leid und Abschiedsschmerz, trotz aller Trauer und Sehnsucht bleibt uns die Hoffnung. Wir kommen alle wieder zusammen …"

Die andere Stelle ist aus der Offenbarung des Johannes: „Er wird alle Tränen von ihren Augen abwischen: Der Tod wird nicht mehr sein, keine Trauer, keine Klage, keine Mühsal. Denn was früher war, ist vergangen …" (Offb 21,4–5).

Daran halte ich mich fest.

Bücher … denke ich eines Tages, es muss doch Bücher von Menschen geben, die Ähnliches erlitten haben. Meine Bücherliebe war immer groß, und ich fange an zu suchen. Ich finde eine unerwartete Menge an Trauerliteratur, Berichte von Betroffenen, Hilfreiches von Psychologen und Trauerbegleitern.

Ich stoße auf Marie Luise Kaschnitz und Anne Philipe – ihre Texte rühren mich im Innersten an und begleiten mich über Monate.

Das Spätwerk der ersteren ist ein nicht endender Verzweiflungsschrei in Prosa und Lyrik nach dem Tod ihres Mannes, und ich finde Gemeinsamkeiten: fast das gleiche Alter, als wir Witwen werden, mehr als dreißig Jahre Ehe, die schwere Krankheit und das lange Leiden des Partners.

Anders das schmale Bändchen *Nur einen Seufzer lang* von Anne Philipe.[6] Sie ist eine junge Witwe, Mitte dreißig. Noch nicht zwanzig Jahre alt, lernt sie den Schauspieler Gérard Philipe kennen. Für jeden der beiden ist es die große Liebe. Sie heiraten, bekommen zwei Kinder, der Weg Gérards als Künstler geht unaufhaltsam nach oben. Eines Tages die Diagnose Krebs. Nach der Operation bleiben noch genau drei Wochen bis zum Tod im Alter von 36 Jahren. Es ist ein sehr poetisches Buch, das Anne Philipe geschrieben hat, voll Zärtlichkeit, Liebe und Schmerz. „Das ungewöhnliche Requiem für einen großen Menschen und Schauspieler. Ein Zeugnis der Liebe in unserem liebeleeren Jahrhundert", schrieb ein Rezensent beim Erscheinen der französischen Originalausgabe *Le Temps d'un soupir* im Jahr 1963.

Ob es hilft, wenn man den verlorenen Partner in einem Film sehen kann? War es für die Witwe von Fritz Wunderlich leichter, weil sie den so tragisch mit knapp 36 Jahren verunglückten Tenor mit der wundervollen Stimme auf Schallplatte hören konnte? Ich weiß es nicht, denn ich habe nicht das kleinste Stück der lieben Stimme meines Mannes irgendwo festgehalten, nicht auf dem Anrufbeantworter, nicht auf der Mailbox ... Andererseits lese ich bei Marie Luise Kaschnitz: „Eine Grammophonplatte mit deiner Stimme zu besitzen wäre entsetzlich, ich würde nicht wagen, sie aufzulegen, deine Stimme im Zimmer und du selbst unter der Erde ... immer dieselben paar Worte und die hunderttausend anderen dahin ..."[7]

Marie Luise Kaschnitz, 1901 in Karlsruhe geboren, macht nach dem Lyzeum eine Ausbildung zur Buchhändlerin und arbeitet in einem Münchner Kunstverlag, als ihr Guido Kaschnitz von Weinberg (geb. 1890), ein österreichischer Archäologe, 1924 begegnet. Ein Jahr später heiraten die beiden, und die Ehe wird eine sehr glückliche. Guido Kaschnitz habilitiert sich in Freiburg, lehrt an verschiedenen Universitäten, zuletzt in Frankfurt am Main. Von der einzigen Tochter erfährt man nicht viel. Später wird die Dichterin bekennen, dass ihr der „Egoismus à deux", wie ihn manche Ehepaare praktizieren, zwar immer zuwider gewesen sei, aber alleingeblieben und ihre Ehe überdenkend wurde ihr klar, dass sie und ihr Mann nicht anders empfunden und gehandelt hatten, „dass wir trotz aller Gastfreundschaft und Hilfsbereitschaft niemanden haben eindringen lassen in unser Alleinsein zu zweit. Auch nicht das Kind? Nein, und ich erfuhr es mit Entsetzen, auch nicht das Kind …" Während eines Studienaufenthaltes in Wien 1956 bricht die tödliche Krankheit aus, ein Gehirntumor, ohne Aussicht auf Heilung, der „Höllensturz", wie Marie Luise Kaschnitz die Diagnose des Arztes nennt. Nach zweijährigem Leiden stirbt Guido Kaschnitz am 1. September 1958.

Marlene Lohner, die sich intensiv mit dem Werk und insbesondere dem Spätwerk von Marie Luise Kaschnitz auseinandergesetzt hat, schreibt: „Ich kenne in der deutschsprachigen Literatur, zumindest des 20. Jahrhunderts, nichts Vergleichbares, was den Schmerz über den Verlust eines geliebten Menschen … so nüchtern wie ergreifend, so wahrhaftig wie allgemeingültig ins Wort gefasst hat. Diese Gedichte und Aufzeichnungen sind für den, der selber einen ähnlichen Verlust erlitten hat … eine unschätzbare Hilfe, aber auch für diejenigen, die helfen möchten".

Nach vielen befremdlichen Erlebnissen mit Freunden und Bekannten, für die der Tod meines Mannes sehr schnell kein Thema mehr ist, werden die Texte von Marie Luise Kaschnitz für mich tatsächlich zu einer „unschätzbaren Hilfe".

„Dass dein Tod für alle anderen eine bedauerlich Tatsache, für mich aber ein lebendiger Prozess, immer noch Anziehung, Abstoßung, Nähe und Ferne war, wollte niemand verstehen …" Bis zu ihrem eigenen Tod hält die Schriftstellerin anhaltende Zwiegespräche mit dem Verstorbenen, bleibt in der gemeinsamen Wohnung, die zum Refugium wird. „Es vergeht kein Tag, keine Tageszeit, in der ich nicht an dich denke, und meine Einsamkeit ist, trotz meines geselligen Lebens, kaum zu ertragen …" „Nachts heimkommen in die leere Wohnung, nur das eigene Bett aufdecken, überhaupt das Für-sich-Sorgen, wobei man schneller, als man es je für möglich gehalten hätte, sich zweiteilt und mit sich selber spricht …"

Vier Jahre nach dem Tod von Guido Kaschnitz erscheint 1962 der Lyrikband *Dein Schweigen – meine Stimme*. Marlene Lohner nennt diese Gedichte das „Herzstück der persönlichen Trauerarbeit der Dichterin und die vielleicht ergreifendste Witwenklage der deutschen Literatur".[8]

Ich hasse das Wort „Trauerarbeit" und weiß doch kein anderes, es zu ersetzen. Oft habe ich mich gefragt, warum es in unserer schönen Sprache keinen Ausdruck gibt für Liebe, Schmerz und Trauer und das Bemühen, wieder ins Leben zurückzufinden, ein Wort, das diese Vier in ihrer Verkettung zart und einfühlsam umschreibt. Aber ich lerne doch etwas aus dem ungeliebten Wort: Ohne eigenes Zutun kommt man aus diesem Zustand der Trauer nicht heraus. Aufstehen und Neues beginnen und dankbar sein, dass das vergangene Schöne einen festen Platz im Herzen hat und nie mehr verlorengehen kann, was nichts aussagt über die Lücke, die der Tod des Partners hinterlässt hat, eine Lücke, die sich nie mehr schließen wird.

Wenn die gewaltsame Trennung, und der Tod ist doch eine solche, eintritt nach Jahrzehnten gemeinsamen Glücks, wird der Trennungsschmerz vielleicht durch die Dankbarkeit für die lange Lebensgemeinschaft gemildert, auch durch die Einsicht, dass das Alter dem Tod eben näher ist. Wem der Glaube Halt gibt, den tröstet auch die Hoffnung auf ein Wiedersehen.

Besonders berührend wurde für mich Marie Luise Kaschnitz' Gedicht vom „Leben nach dem Tode":

Glauben Sie fragte man mich
An ein Leben nach dem Tode
Und ich antwortete: ja
Aber dann wusste ich

Keine Auskunft zu geben
Wie das aussehen sollte …

Es folgt dann doch eine Beschreibung dessen, was sich die Dichterin wünscht: „… nur Liebe, niemals aufgezehrte mich überflutend" und das Wiedersehen und Beisammensein mit ihrem Mann. „Und deine Hand wieder in meiner … Deine Stimme empfängt mich, entlässt mich und immer so fort …" Und auf die Frage, ob denn das alles sei, was sie von einem Leben nach dem Tode erwarte, gibt sie zur Antwort: „weniger nicht".

Dankbarkeit für eine lange Lebensgemeinschaft … Beim frühen und plötzlichen Ende einer engen, seelisch wie körperlich harmonischen Partnerschaft fehlt selbst dieser kleine Trost. Die unfassbare Tatsache, dass der geliebte, noch junge Mensch einfach nicht mehr da ist, dass alle Pläne für die Zukunft, für eine gemeinsam erlebte Zeit zerstört und vernichtet sind, macht das Annehmen der Endgültigkeit wohl besonders schmerzlich und den Sinn dieser leidvollen Erfahrung völlig unbegreiflich.

„Bis dahin hatte mich der Tod nie beschäftigt", schreibt Anne Philipe. „Ich rechnete nicht mit ihm. Einzig das Leben war wichtig." Nach der Diagnose, dass ihr Mann nur noch wenige Wochen zu leben hätte, ist von einer Minute auf die andere alles anders. „Ich entdeckte das Unglück … dieses Nachtdunkel, dieses Pechschwarz, dieses unüberwindliche Gefühl des Versinkens und Erstickens". Während der drei Wochen, die nach der Operation von Gérard Philipe noch bleiben, versucht sie, ihrem Mann das Gefühl zu geben, er würde wieder gesund. „Selbst wenn du schliefst, wagte ich nicht, dich mit der Verzweiflung, dem Wahnsinn anzusehen, von denen ich besessen war. Ich zwang meinen Blick zur Ruhe, probte vor dir, dem Bewusstlosen, die Komödie, die ich dir vorspielen würde und die alles war, was mir von unserem gemeinsamen Leben blieb." Und dann „das Ende der Welt: dein Tod". „Der Abschied von einem Toten ist etwas Unvorstellbares, wenn man ihn nicht selbst erlebt hat – er lässt sich nicht beschreiben. Der Verstand steht still, wenn er an die Grenzen des Entsetzens stößt; doch erst da fängt alles an."

Die Beschäftigung mit Trauerliteratur, das Zusammensein mit Betroffenen und das eigene Betroffensein ergibt bei aller Individualität des Trauerns gewisse Konstanten im Verlauf, von der Phase des Nicht-fassen-Könnens bis zu jenem Punkt, an dem das Nie-mehr-Wieder akzeptiert und die allmähliche Rückkehr ins Leben versucht wird. Das ist bei Marie Luise Kaschnitz und Anne Philipe nicht anders.

Nur einen Seufzer lang liebe ich auch heute noch ganz besonders, nicht nur weil es in all der Trauer so viel Zärtlichkeit und Liebe ausstrahlt, auch wegen der empfindsamen Sprache, in der es geschrieben ist, mit einer behutsamen Scheu vor dem anderen, mit Zurückhaltung und Taktgefühl.[9]

Der Schmerz, den Anne Philipe in ihrer Trauer zu Papier bringt, ist ein unbändiger. „Ich habe dich zu sehr geliebt, um hinzunehmen, dass dein Körper verschwindet, und zu verkünden, dass deine Seele genügt und weiterlebt. Und wie soll man es anstellen, sie voneinander zu trennen und zu sagen: Dies ist seine Seele und das ist sein Leib? Dein Lächeln und dein Blick, dein Gang und deine Stimme, waren sie Materie oder Geist? Beides, aber untrennbar."

Mehr als alles andere, schreibt Anne Philipe, taten ihr die Blicke zwischen Liebespaaren weh, ihr Einverständnis über die Menge hinweg, ihr Augenzwinkern, und „ich hätte alles auf der Welt dafür gegeben, wirklich alles, dich lebendig auftauchen zu sehen, nur zehn Minuten, nicht mehr und dann den Tod, die Folter, ganz gleich was, nur dich wiedersehen." „War es Nacht geworden, legte ich mich in unser Bett und blieb darin erstarrt, reglos wie du, irgendwo mit dir eingemauert, fern von mir selbst." Die Verantwortung für die zwei kleinen Kinder gibt ihr Halt, sie werden zu „Beschützern", verhindern den Zusammenbruch, erinnern sie wohl auch im Aussehen und in manchen Gesten an den verstorbenen Geliebten.

Es ist ein langer Weg, eine „höllische Bahn", auf die die Verfasserin durch den Tod ihres Mannes geworfen wird. Dann nach Monaten das erste vage Gefühl, dass nicht alles unwiederbringlich verloren sei. „Eines Tages bemerkte ich, dass ich aufgehört hatte, nur Fassade zu sein. Ich existierte, ich atmete. Ich wollte auf die Ereignisse wieder Einfluss nehmen. Langsam kam ich wieder zu mir und sah, was noch von mir übriggeblieben war ..."

Die Dauer eines Menschenlebens ist so kurz wie ein Seufzer, meint Anne Philipe, Tochter eines Geologen, dessen Tätigkeit sie mit Interesse verfolgt. Die Dauer der Erdzeitalter und dagegen das menschliche Leben – nicht mehr als ein Seufzer, oder, mit den Worten des Psalmisten: „Du machtest meine Tage nur eine Spanne lang. Meine Lebenszeit ist vor dir wie ein Nichts, ein Hauch nur ist jeder Mensch" (Ps 39,5–6).

Acht Jahre nach dem Tod meines Mannes lese ich kurz nacheinander wieder zwei Bücher, die den Weg durch die Trauer nach dem Tod der Partnerin bzw. des Partners beschreiben: *Wenn ein Mann trauert. Der Weg der Liebe durch Abschied und Tod* von Karl Guido Rey und *Das Jahr magischen Denkens* von Joan Didion.[10]

Die Lektüre wird zu einer unerwarteten Erfahrung: Der Schmerz über den Verlust meines Mannes fällt mich mit einer Heftigkeit an, als läge sein Tod erst wenige Wochen oder Monate zurück, und alles ist wieder ganz nahe. Nicht nur einmal überlege ich, mit dem Lesen dieser zwei Bücher aufzuhören und nie mehr hineinzuschauen und bringe dann doch beide mit viel Mühe zu Ende.

Mit Karl Guido Rey lese ich das erste Buch, das ein trauernder Mann verfasste, ein bekannter Psychotherapeut in Zürich, Autor von Büchern zur Tiefenpsychologie. Er schildert die Tumorerkrankung seiner Frau und ihren Tod, rückblickend auf eine lange, glückliche Ehe.

Einleitend schreibt Rey, es sei eine weitverbreitete Meinung, dass Männer nach dem Verlust der Partnerin nicht so richtig trauern könnten, weil sie Gefühle nicht zuließen. Sie trauern viel kürzer und gehen schneller eine neue Bindung ein. Seine eigene Trauer freilich ist tief und schmerzlich und dauert Jahre und unterscheidet sich dem Wesen nach nicht von der Trauer der Dichterin Marie Luise Kaschnitz.

„Meine Trauer war so schrecklich", schreibt Rey, „dass ich glaubte, selber an ihr sterben zu müssen. Sie war wie ein Reif, der alle Hoffnung einfror und Leblosigkeit in meine Seele säte … Wie ein Erdbeben suchte sie mich heim."

Das Buch ist eine Sammlung von Gedanken und Tagebuchnotizen aus den ersten Jahren nach dem Tod seiner Ehefrau. Schreiben wurde für ihn Hilfe zur Bewältigung seiner Trauer, „auch wenn ich mit jedem Satz in Wunden herumstocherte und Vernarbtes schmerzvoll wieder aufriss." Die Hoffnung, auch anderen in der Trauer eine Hilfe geben zu können, bewog den Psychotherapeuten, seine Aufzeichnungen zu publizieren, denn nur wer Trauer selbst erlebt hat, meint der Autor, kann heilend zum Herzen Trauernder sprechen. Es sind sehr persönliche Erfahrungen, bewegend und tröstend, getragen von einem tiefen Glauben und einem großen Gottvertrauen.

Das Jahr magischen Denkens ist das Buch einer Journalistin und Schriftstellerin, deren Ehegatte nach vierzig gemeinsamen Jahren ganz plötzlich an einem Herzinfarkt stirbt. „Das Leben ändert sich schnell. Das Leben ändert sich in einem Augenblick. Man setzt sich zum Abendessen, und das Leben, das man kennt, hört auf …" Es ist eine besonders tragische Verkettung von Umständen: John Gregory Dunne bricht zusammen, als er mit seiner Frau eben von einem Spitalsbesuch in einem New Yorker Krankenhaus, wo die gemeinsame Tochter in der Intensivstation um ihr Leben kämpft, nach Hause zurückkehrt. Fünf Monate später beginnt Joan Didion damit, Aufzeichnungen zu machen bis zum ersten Jahrestag des Ablebens ihres Mannes. Sie schildert den Schmerz, die Verzweiflung, die Leere, denkt nach über Liebe und Ehe, Glück und Verlust und wie umzugehen sei mit der Tatsache, dass Leben end-lich ist. Nach diesem ersten Jahr setzt sie bewusst einen Schlusspunkt, lässt aber nicht unerwähnt, dass die „durchschnittliche Witwe" nach dem Tod ihres Mannes Jahre braucht, um auf den Stand ihrer früheren Lebensfreude zurückzufinden, und diese sei dann doch eine andere, „stiller und sanfter".

Trauerliteratur ... Marie Luise Kaschnitz, Anne Philipe, Karl Guido Rey, Joan Didion – Manchmal gibt es Momente, wo man aus der Trauer ausbrechen will, leben, so wie früher, nicht immer nur an Tod und Sterben denken. Bei Anne Philipe steht da plötzlich: „Weckte mich Kinderlächeln oder ein Zeichen unverhüllter Trauer, wo ich keine sehen wollte? Hatte sich meine Verzweiflung erschöpft?" Oder bei Karl Guido Rey: „Ich will nichts mehr vom Tod wissen. Ich will leben. Wenn nicht aus Lust, so aus Trotz".

Dennoch ist es gut, in der Verzweiflung Bücher über Schmerz und Trauer zu lesen, weil das Kennenlernen vom Leid anderer Menschen den eigenen Schmerz ein wenig zurechtrückt und relativiert. Zunächst empfindet man diesen als den größtmöglichen überhaupt, das eigene Leid als das tiefste, das einen Menschen treffen kann. Solches Empfinden erschwert die Heilung der verletzten Seele. Fragen wie „Warum gerade ich?" und Selbstmitleid sind keine guten Führer, um ins Leben zurückzufinden.

Primo Levi, Zeuge und Überlebender des Holocausts, der elf Monate Auschwitz durchlitt, schrieb über Glück und Unglück: „Alle erfahren früher oder später in ihrem Leben, dass ein vollkommenes Glück nicht zu verwirklichen ist, doch nur wenige stellen auch die umgekehrte Überlegung an: dass es sich mit dem Unglück geradeso verhält ..."

Das Nachdenken über den Sinn des Leidens, der Kreuze im menschlichen Leben hat Theologen, Philosophen und Dichter immer wieder beschäftigt.

Da werden dir
Kreuze aufgeladen
die du
nicht tragen kannst
und willst ...
die dich in die Knie zwingen
und die Hoffnung
verraten ...[11]

Oder bekommt doch ein jeder zugeteilt, was er tragen kann? Adelbert von Chamissos (1731–1838) Ballade von der „Kreuzschau" ist ein schönes Zeugnis von Glauben und Vertrauen, dass dem so ist.

Ein Pilger, müde von der langen Wanderschaft, legt sich auf einer Bergeshöhe zur Ruhe, und Gott erscheint ihm im Traum. Der Mensch beklagt sich bitter, dass sein Kreuz, das er duldend tragen muss, für ihn viel zu schwer sei, andere hätten es leichter („doch sind der Menschen Last und Leid verschieden, mein Kreuz ist allzu schwer ..."). Ein Sturm kommt auf, und plötzlich findet sich der Pilger in einer großen Halle, wo ringsum unzählige Kreuze stehen, und eine Stimme spricht: „Hier aufgespeichert ist das Leid, du hast zu wählen unter diesen Kreuzen allen ..." Unschlüssig geht er von einem Kreuz zum anderen, vergleicht Größe und Gewicht, probiert und stellt zurück, denn keines will so recht für ihn passen. Ein zweites Mal durchmustert er die Kreuze, findet ein „schlichtes Marterholz", das er bislang übersehen hatte, und bleibt bei seiner Wahl.

Herr, rief er, so du willst, dies Kreuz sei mein!
Und wie er's prüfend mit den Augen maß –
Es war dasselbe, das er sonst getragen ...
Er lud es auf und trug's nun sonder Klagen.

Mag auch Chamissos Sprache für uns Heutige ein wenig antiquiert klingen und mögen uns die knappen Zeilen der

„solidarität des kreuzes" von Andrea Schwarz mehr ansprechen – die Botschaft bleibt dieselbe: Leben und Leiden gehören zusammen, aber wir sind nicht alleingelassen:

... du gehst meine wege mit
du nimmst meine kreuze auf dich
du für mich wie so groß ist die liebe ...[12]

CHRISTINE UNTERRAINER

Zeit für meine Trauer

*T*RAUER ALS ANTWORT DES HERZENS AUF AB-SCHIED und Verlust – Trauer als „heilende Kraft", wie es Jörg Zink in einem Buch für Trauernde einfühlsam beschreibt?

Trauer braucht Zeit und muss gelebt werden, um den Verlust zu begreifen und ihn, so schmerzlich er auch sein mag, in das eigene Leben zu integrieren.

Das Abreißen einer innigen Bindung, die der Tod eines geliebten Menschen mit sich bringt, braucht auch Hilfe von außen, offene Ohren und offene Herzen, Geduld und Behutsamkeit.

Begegnung mit Trauernden macht Menschen aber allzu oft hilflos und überfordert sie.

Was sagen, was tun? Mit schnellen Vertröstungen hilft man Betroffenen nicht über ihre Trauer hinweg: Es wird schon wieder, du musst dich ablenken, fahr auf Urlaub, die Zeit heilt alle Wunden …

Wenn Witwen beim Begräbnis „Haltung bewahren", wird das von den teilnehmenden Personen positiv erwähnt, und eine gewisse Bewunderung schwingt in den Worten mit. Für die anderen ist es so am einfachsten, aber oftmals liegt es nicht an der Beherrschung, die das zuwege bringt, sondern am Schock, an dieser seltsamen Abwesenheit, die durch den Tod des Partners ausgelöst wird, und manchmal ist der Grund einfach ein vorsorglich eingenommenes Medikament. Selbst dem Fernsehen ist es eine Meldung wert, wenn beim Begräbnis bekannter Politiker die Witwe, von den Kameras unbarmherzig ausgeleuchtet und taktlos verfolgt, bis zum Schluss „Haltung bewahrt".

Ist es der Tod nicht wert, auch einmal die Fassung zu verlieren, die Contenance, wie man früher sagte? Warum eigentlich Haltung bewahren, wenn einem ein geliebter Mensch genommen worden ist? Weinen kann ungemein tröstlich und befreiend sein. Tränen sind ein Teil der Liebe und der Trauer, auch des Glücks, und man braucht sich ihrer nicht zu schämen. Nur wer nichts liebt, kommt ohne Trauer aus.

Es gibt eine berührende Stelle im Johannesevangelium, wo von der Auferweckung des Lazarus berichtet wird. Als Maria, die Schwester des Lazarus, mit Jesus zusammentrifft, fällt sie ihm weinend zu Füßen und sagt: „Herr, wärst du hier gewesen, dann wäre mein Bruder nicht gestorben". Und es wird erzählt, dass Jesus zutiefst erschüttert war und weinte. Die Juden, die ringsum standen, aber sagten: „Seht, wie lieb er ihn hatte" (Joh 11,32–37).

Eine Bekannte fragt mich einige Wochen nach dem Tod meines Mannes, ob es mir nicht zu eintönig sei, immer in schwarzen Kleidern herumzulaufen. Es war mir nicht zu eintönig, und ich hatte mir auch nicht Maria Theresia zum Vorbild genommen, die nach dem Tode ihres Gatten Franz Stephan von Lothringen (1765) die letzten fünfzehn Jahre ihres Lebens nur noch schwarze Witwenkleider trug. Allmählich ist mir Schwarz wie eine zweite Haut geworden, ich mag die Farbe sehr, mag sie über all die Jahre ganz besonders, und erst allmählich kommen wieder andere Farbtupfer hinzu.

Wenn an Freitagen die Bürozeit endet, wünschen alle einander fröhlich „ein schönes Wochenende". Auch mir wünschen sie es und denken sich nichts dabei, sagen es einfach unüberlegt und gedankenlos, weil es so der Brauch ist. Aber ich will kein schönes Wochenende, wie sollte es schön werden? Ich will überhaupt kein Wochenende, weil ich allein bin, allein, allein. Andererseits schlage ich Einladungen von wohlmeinenden Menschen aus. Ich will allein sein. Es wird nicht lange dauern, und niemand lädt mich mehr ein. Ich bin voller Widersprüche und verletzlich. Die Tränen begleiten mich alle Tage. Wie viele Gelegenheiten und Anlässe es doch gibt, in Tränen auszubrechen, wenn die Seele so tief verletzt ist.

Die Wochenenden sind schlimmer als alle anderen Tage.

Juliette Greco sang in den fünfziger Jahren des vorigen Jahrhunderts mit großem Erfolg ein Chanson, das Charles Aznavour getextet hatte: „Je hais les dimanches ..." Nein, ich hasse den Sonntag nicht, den ersten Tag der Woche, an dem Christus von den Toten auferstanden ist. Die Botschaft bewahrt mich davor, ins Bodenlose zu fallen. Aber an Sonntagen quälen mich die Erinnerungen besonders, was ich auch tue oder denke, überall und immerzu holen sie mich ein.

Andererseits tut es aber auch gut, sich zu erinnern, dankbar zu sein für viel Schönes, auch für Schmerzliches, das man gemeinsam erlebt hat.

Trauernde wünschen sich offene Herzen der Mitmenschen, aber nach einigen Wochen reden Nachbarn und Bekannte nicht mehr über den Verstorbenen. Sie denken wohl: nicht daran rühren, nicht die Wunden aufs neue aufreißen. Wie ahnungslos sie sind. Der Schmerz ist allgegenwärtig, und manchmal möchte ich sie anschreien, sprecht doch von ihm, ihr habt ihn so lange gekannt und viel Zeit mit ihm verbracht, tut nicht so, als wäre er euch nie begegnet und hätte nie gelebt.

Sprechen zu dürfen von dir
mit denen, die dich kannten, dich liebten.
Sprechen zu können von dir
wie du warst.
Dich in Worten wieder erleben nur ein paar Stunden lang.
Und dann einzuschlafen vor dem nächsten Alleinsein
das doch unausweichbar wartet.
GITTA DEUTSCH

Wenn eine Bindung besonders eng war und man möglichst viel Zeit zusammen verbrachte, dann ist das Alleinsein anfänglich kaum zu ertragen und nur langsam und unter Schmerzen zu lernen. Viele Witwen haben das Gefühl, der Verstorbene hätte Teile der eigenen Person mit ins Grab genommen, als hätte man Hände und Füße verloren, und die Luft zum Atmen scheint so dünn, dass man fast erstickt. Der Wunsch nachzusterben wird zur großen Sehnsucht, weil das Leben sinnlos geworden ist und alle Lebensfreude dahin.

Allein spazierengehen – plötzlich begegnet man nur noch glücklichen Paaren, sieht niemanden, der allein unterwegs wäre. Der Friedhof wird zur Zufluchtstätte, dort sind die Einsamen unübersehbar.

Oktober 2002: zwei Jahre sind es nun, zwei lange Jahre der Sehnsucht, des Nie-mehr-Wieder und des Nicht-glauben-Wollens. Noch zweimal hat der Tod zugeschlagen: meine liebe Mutter stirbt 2001, und 2002 mein erstes Enkelkind, von dem ich noch erzählen werde, ein „still geborenes Baby", das wenige Tage vor dem Geburtstermin sein kleines Leben beendet, noch ehe es sichtbar angefangen hat.

Ich kann nicht bemerken, dass mein Seelenzustand sich bessert. Wie viele „Trauerjahre" braucht ein Mensch, um wieder ins Gleichgewicht zu kommen?

Wenn etwas abgerissen ist, was so festgefügt schien, dann ist es ganz natürlich, dass der Prozess des Sich-wieder-Findens langwierig und schmerzlich ist, aber irgendwann muss man loslassen, was unwiederbringlich und unumkehrbar dahin ist, und offen werden für Neues, so steht es in den Büchern zur Bewältigung der Trauer. Auch nach dem größten Schmerz geht es darum, dem Leben eine neue Richtung zu geben, und Loslassen bedeutet ja nicht aufhören zu lieben.

In der Opernliteratur des beginnenden 20. Jahrhunderts gibt es ein düsteres Libretto über das Nicht-Loslassen-Wollen nach dem Tod eines geliebten Menschen. Erich Wolfgang Korngold (1897–1957) schrieb 1916 gemeinsam mit seinem Vater Julius Korngold den Text zu seiner anfänglich überaus berühmten Oper „Die tote Stadt".[1] Erich Wolfgang Korngold, das gefeierte Wunderkind, komponierte seit seinem siebten Lebensjahr verschiedene Stücke für Orchester, seine erste Oper mit sechzehn Jahren. Was ihn am neuen Opernstoff faszinierte, war die eigentümliche Atmosphäre der Stadt Brügge, die, durch Verlandung vom Meer abgeschnitten, zu wirtschaftlicher Bedeutungslosigkeit herabsank, verarmte und zu einem Symbol des Untergangs wurde. Auch die seelischen Konflikte fesselten den jungen Komponisten, der „Kampf der erotischen Macht der lebenden Frau gegen die nachwirkende seelische Macht der Toten" und „ die Grundidee des Kampfes zwischen Leben und Tod überhaupt." Aber auch mit dieser Erklärung aus einem Programmheft ist die Wahl des Themas für einen Zwanzigjährigen erstaunlich. Jahre später, nach der Machtübernahme der Nationalsozialisten, galt das einstige Wunderkind als entarteter Künstler, der die Zeit des Schreckens in den USA überlebte, entwurzelt und nach dem Krieg hin und her gerissen zwischen Europa und den USA, fand er nirgends mehr Heimat. Ein zerbrochenes Leben, das auch in seinem Schaffen deutlich wird.

Der Inhalt der Oper: Seit Jahren lebt Paul in Brügge nur noch in Erinnerungen an seine tote Frau Marie. In einem Zimmer seines Hauses, das er zur „Kirche des Gewesenen" macht, verwahrt er alle Dinge, die ihn an sie erinnern, darunter eine lange blonde Haarflechte. Täglich schmückt er das große Porträt mit frischen Blumen, sitzt stundenlang davor und starrt es an.

Eines Tages begegnet er der Tänzerin Marietta, die Marie verblüffend ähnlich sieht, auch ihre Stimme klingt, als hörte er Marie. Die beiden kommen sich näher, aber Paul sieht in Marietta immer nur die tote Geliebte, Marietta hingegen will als eigenständige Person wahrgenommen werden. Als sie Paul eines Tages wegen seiner nicht endenden Trauer um die verstorbene Ehefrau verhöhnt, Maries Laute an sich nimmt und darauf spielt, schließlich mit der blonden Haarflechte höhnisch lachend durch das Zimmer tanzt, kommt es zu einem heftigen Streit, und Marietta wird von Paul erwürgt. (In der endgültigen Fassung träumt Paul dies alles nur und erwacht nach der Ermordung Mariettas.)

Paul beschließt nun doch, Brügge, die „Stadt des Todes", zu verlassen und einen Neubeginn zu wagen. „Glück, das mir verblieb, lebe wohl, mein treues Lieb ..." singt er am Schluss der Oper – die einzige Arie, die man gelegentlich noch hören kann.

In Hermann Hesses Gedicht „Stufen" finden wir tiefe Gedanken über das Leben, das Bewegung ist, in dem wir unterwegs sind und unterwegs sein müssen. Die Metapher von den Stufen des Lebens wird in Dichtung und Religion oftmals verwendet. Es ist ein Bild, das Zuversicht und Hoffnung gibt.

Wie jede Blüte welkt und jede Jugend
Dem Alter weicht, blüht jede Lebensstufe
Blüht jede Weisheit auch und jede Tugend
Zu ihrer Zeit und darf nicht ewig dauern.
Es muss das Herz bei jedem Lebensrufe
Bereit zum Abschied sein und Neubeginne ...

Und wenn der Schmerz des Abschieds und ein hoffnungsfroher Neubeginn in der rechten Weise zusammenkommen, kann im Leben immer wieder Gutes und Besonderes entstehen, denn „jedem Anfang wohnt ein Zauber inne, der uns beschützt und der uns hilft, zu leben ..."

Der erste kleine Anflug von Freude nach dem Tod des geliebten Partners, vielleicht nach Wochen, vielleicht nach Monaten, ist aber wie ein Schock. Ein Gefühl von Treulosigkeit gegenüber dem Verstorbenen macht sich breit. Der Trauer untreu geworden, Freude empfunden, das passt nicht in das

Leben einer Witwe. Viele von ihnen fühlen sich mit ihrem Mann auch nach dessen Tod noch verheiratet, leben in Gedanken mit ihm weiter, erhoffen ein Wiedersehen nach dem eigenen Tod oder glauben an dieses. So viel Gemeinsames, das im Lauf der Jahre gewachsen ist, so viele Erinnerungen, die im Herzen weiterleben und für nichts anderes Platz lassen.

Infolge der höheren Lebenserwartung der Frauen gibt es weit mehr Witwen als Witwer, „Bruchstücke", wie Marie Luise Kaschnitz schreibt „mit denen man sich sein Wohnzimmer nicht voll setzen mag. Sie sind zudem selten ganz normal, vielmehr sonderbar, sprechen ununterbrochen von ihrem Verewigten oder überhaupt nicht … Merkwürdig, dass der Witwenstand, ganz abgesehen von dem persönlichen Verlust und dem persönlichen Alleinbleiben, als eine Art von Demütigung fast überall empfunden wird. Familienstand: ledig, verheiratet, geschieden, verwitwet, nicht Zutreffendes zu durchstreichen, ich kenne keine Frau, die das Wwe. als einen Ehrentitel empfände. Es scheint schon dem Überlebenden etwas Anrüchiges anzuhaften, etwas von üblem Lebenswillen und Lebenstrotz … Sie hat ihren Mann verloren, wir haben unsere Männer noch, fahren zusammen ins Grüne, gehen zusammen durch die Straßen … Witwen und Verheiratete, das geht nicht zusammen …"[2]

Mag dies auch ein wenig sarkastisch klingen – die geschilderten Erfahrungen macht man als Witwe tatsächlich.

Dennoch werden die Augenblicke des Gerne-auf-der-Welt-Seins allmählich häufiger, Sternschnuppen in der Trauer. Auch die Umgebung signalisiert, dass dieses ewige Trauern keine Teilnahme mehr auslöst, eher schon Ungeduld oder gar Widerwille. Tu etwas Neues, erzähl' uns etwas Neues, genug getrauert, wir haben dir ausreichend Zeit gelassen …

Unvermutet taucht auch bei mir zwei Jahre nach dem Tod meines Mannes so etwas wie ein Abglanz von Freude auf, und ich lasse mich darauf ein.

Im November 2002 hätte Oskar Werner (1922–1984) seinen 80. Geburtstag gefeiert. Was für ein unvergleichlicher Schauspieler, und was für ein Lebenslauf — wie in einem Drama von Shakespeare oder Friedrich Schiller, deren tragische Helden er verkörperte wie keiner sonst.

Aus Anlass des „besonderen" Geburtstages gibt es neue Bücher, Ausstellungen und CDs.

Wieder und wieder höre ich mir die todtraurige Lyrik von Georg Trakl an, die schwermütigen Gedichte von Rainer Maria Rilke, die melancholischen Liebeslieder von Heinrich Heine. Das ist keine Dichtung, die meine Trauer kleiner werden lässt, aber die Stimme Oskar Werners verzaubert mich. Als ich eines Tages bemerke, dass ich vom Hören manches auswendig kann, beginne ich, eine Auswahl dieser Gedichte zu lernen. „To learn by heart", wie es so schön im Englischen heißt, kommt dieser Tätigkeit viel näher als unser deutsches „auswendiglernen". Mit dem Herzen lernen, das ist es, und es wird daraus ein ganz kleiner Schritt in Richtung „wieder an etwas Freude haben ". Es dauert länger als in jungen Jahren, bis ich die Gedichte „in meinem Herzen habe", aber nach einigen Wochen sind es etwa zwei Dutzend, die ich kann. Eine Sammlung von düsterer Poesie, die meiner Seelenlage in einer wunderschönen Sprache gerecht wird. Es geht um Nacht und Tod, Einsamkeit und Verzweiflung, Liebesleid und Tränen.

„Lehn deine Wang' an meine Wang', dann fließen die Tränen zusammen …"

Es ist eine eigenartige Stimmung, wenn ich Oskar Werner zuhöre, mehr wehmütig als traurig, ein feiner Unterschied, denn Wehmut kann lächeln, schreibt Friedrich Torberg in der *Tante Jolesch,* Trauer kann es nicht.

Mit Trauer und Wehmut verbunden ist denn auch das bewusste Aufsuchen von Orten, an denen man gemeinsam glücklich war. Es sollte nicht zu früh geschehen, weil unser Herz nach dem Verlust eines geliebten Menschen so leicht verwundbar ist, aber irgendeinmal, vielleicht nach Jahren, wird es gut sein, zurückzukehren.

Spurensuche, nicht mit der Verzweiflung der „Winterreise" —

Ich such' im Schnee vergebens
nach ihrer Tritte Spur ... —

doch eher mit Dietrich Bonhoeffer, der meint, dass die Dankbarkeit für das vergangene Schöne die Qual der Erinnerung in eine stille Freude verwandelt

Zehn Jahre lang scheute ich mich, allein jene Gegend aufzusuchen, die für mich zum Inbegriff glücklicher Familienurlaube geworden war: der burgenländische Seewinkel, die wunderschöne Landschaft rund um den Neusiedlersee.

Nicht dass ich es mir nicht schon viel früher gewünscht hätte, aber irgendwie war da immer die Angst, es würde mir zu sehr wehtun.

Nach zehn Jahren aber fügt sich alles zu einem kostbaren Geschenk, in dem die Wehmut ihren Platz hatte, die Dankbarkeit und auch das Glück, ja auch das Glück.

Spurensuche im Barockschloss Halbturn, einst das Lieblingsjagdschloss Maria Theresias, der Festsaal mit dem zauberhaften Deckenfresko von Franz Anton Maulbertsch, „Die Winterreise", mitten im Sommer, und zwei große Namen als Interpreten: Florian Prey und Nico Gulda, die Söhne der berühmten Väter, meine Kinder bei mir, ein Abend, den ich nicht vergessen werde.

Von Albert Camus wird ein schöner Satz überliefert, den er gegen alle Widrigkeiten des Lebens stellte: „Mitten im Winter habe ich erfahren, dass es in mir einen unbesiegbaren Sommer gibt." Ich muss den Satz für mich ein wenig umändern: Mitten im Sommer habe ich erfahren, dass jeder Winter ein Ende hat, aber die Liebe nicht aufhört. Ich bin bei der Dankbarkeit angekommen.

Es sind nicht nur die Orte, die wir mit einem Menschen verbinden, der uns lieb und teuer war. Die Spuren eines Lebens, dessen irdische Zeit zu Ende gegangen ist, sind vielfältiger Art, und auch dafür muss man dankbar sein. Was wäre anders, können wir uns fragen, hätte dieser Mensch nicht gelebt, was wäre anders für uns selbst, was für die Menschen, die ihn kannten? Was hat seine Hilfsbereitschaft bewirkt, seine Fürsorglichkeit, sein großes Herz, wenn es galt, andere finanziell zu unterstützen? Die Kinder schließlich, die uns geschenkt wurden als sichtbares Zeichen unserer Liebe.[3]

Wäre nicht jeder Mensch einzigartig und wären es die Spuren, die er hinterlässt, nicht ebenso, vielleicht könnten wir dann leichter über den Verlust hinwegkommen, wir wären aber auch um vieles ärmer. Es braucht die „Verwundbarkeit", von der Jean Vanier gesprochen hat, und den Glauben, dass uns „jeder Schmerz reicher entlässt", wie es Werner Bergengruen (1892–1964) in seinem Gedicht „Himmlische Rechenkunst" ausdrückte.

„Wenn du dich getröstet haben wirst (man tröstet sich immer) ...", sagt Saint-Exupérys Kleiner Prinz beim Abschied – diesen Satz, von wohlmeinenden Mitmenschen zitiert, wollte ich nach dem Tod meines Mannes weder hören, noch konnte ich mir vorstellen, dass er je auf mich zutreffen sollte.

Es braucht Zeit, um das zerbrechliche Geschenk des Daseins wieder dankbar anzunehmen, daran zu glauben, dass es nochmals gut sein könnte, zu leben.

Aufstehen zum Leben, Ausbrechen aus der Angst und darauf vertrauen, dass meine Zeit in Seinen Händen steht (Ps 31,16) – das könnte ein Weg sein.

CHRISTINE UNTERRAINER

Kindertotenlieder

*E*IN VIERTELJAHRHUNDERT ZURÜCK, UND MAN fand sie auf jedem Kirchhof: klein, unscheinbar und ans Herz rührend – Kindergräber.

So ganz anders als die übrigen Gräber sahen sie aus, kein Marmor, kein Pomp, manchmal ein kleiner Grabstein mit einem Engelchen darauf, oftmals nur mit Holz eingefriedet, wie ein Kinderbettchen. „Unser kleiner Liebling" war zu lesen und der Vorname, das kleine Leben beendet nach wenigen Tagen oder Monaten. Eine Vase mit Wiesenblumen, wie sie damals an jedem Wegrain zu finden waren, Glockenblumen und Margariten, Taglichtnelken und Hahnenfuß.

Kindergräber findet man heute nur noch selten, weil die kleinen Verstorbenen meist im Familiengrab beigesetzt werden oder aus diesem traurigen Anlass ein solches eingerichtet wird. Aber auch so sind sie bei Wanderungen über Friedhöfe leicht zu finden: Bilder von lachenden Babys und liebevolle Texte auf den Grabsteinen, manchmal sitzt ein Teddybär dort, oder es dreht sich ein buntes Windrad …

Beim Tod eines Kindes schmerzt die Sinnfrage wohl ganz besonders: Leben und Tod so unerträglich nah beieinander, kaum begonnen schon wieder vorbei. So viele begrabene Hoffnungen und Erwartungen, soviel Liebe, die nicht mehr weitergegeben werden kann.

Zwar ist die Kindersterblichkeit mit dem Fortschritt der Medizin sehr viel seltener geworden, und einst tödliche Kinderkrankheiten haben ihren Schrecken verloren, aber noch immer „passiert" es, dass die Kunst der Ärzte versagt und so ein kleines Menschenleben wie eine Kerze verlischt.

In früheren Jahrhunderten gehörte auch der Tod von Säuglingen und Kleinkindern zum Leben, eine Schwangerschaft folgte auf die andere, und der Tod hielt unter den kleinen Lebewesen reiche Ernte.

Nicht ohne Schaudern und Mitgefühl liest man Berichte über die Kindertode etwa in Herrscherhäusern. Was bei den Untertanen nicht minder tragisch ablief, ist in der Regel kaum dokumentiert, für die Tragödien „weiter oben" gibt es ausreichend Literatur. Wenn man bedenkt, dass einer jungen Fürstin sicherlich die beste medizinische Betreuung zuteil wurde, die es gab, und die Ärzte dennoch sehr bald am Ende aller Möglichkeiten anlangten, kann man ermessen, was für ein Segen die moderne Medizin auch im Kampf gegen die Kindersterblichkeit ist.

Marie Karoline, Königin von Neapel und eine Tochter Maria Theresias, ist ein Beispiel für unzählige andere Frauen, denen Trauer und Schmerz um verstorbene Kinder das ganze Eheleben wie ein schwarzer Schatten folgten. Aus politischen Motiven mit König Ferdinand IV. von Neapel-Sizilien verheiratet, eine von „Habsburgs verkauften Töchtern",[1] brachte Marie Karoline zwischen 1772 und 1793 siebzehn Kinder zur Welt, elf starben als Säuglinge oder im zartesten Alter. Zwei Jahrzehnte lang immer wieder guter Hoffnung, immer wieder in Trauer, oft genug beides zugleich. Wie hält eine Mutter ein solches Übermaß an Schmerz aus?

Auch Väter trauern: Friedrich Rückert (1788–1866) kommt bis zu seinem Lebensende nicht über den Tod seiner Kinder hinweg und schreibt sich seinen Schmerz über die Jahre in 428 „Kindertotengedichten" von der Seele. Erst nach seinem eigenen Tod erscheint die Sammlung im Druck (1872). Zwei seiner sechs Kinder starben kurz hintereinander an Scharlach, Luise dreijährig am 31. Dezember 1833, Ernst fünfjährig am 16. Jänner 1834.

Die Gedichte sind in einer schlichten Sprache abgefasst, erinnern an Volksliedstrophen und schwanken zwischen Verzweiflung, Wut und der Hoffnung auf ein Wiedersehen in einer jenseitigen Welt. Sie sind von einer rührenden Zärtlichkeit und Sehnsucht erfüllt, die verstorbenen Kinder wieder in die Arme zu schließen.

Oft denk' ich, sie sind nur ausgegangen!
Bald werden sie wieder nach Haus gelangen!
Der Tag ist schön, o sei nicht bang,
sie machen nur einen weiten Gang.
Sie sind uns nur vorausgegangen ...

Oder:

An die Kleingebliebenen

... Doch ihr, die mir geraubt ein frühes Los
bleibt immer klein, nie werdet ihr mir groß.
Ihr reißt euch nie von meinem Herzen los
und wiegen kann ich euch wie sonst im Schoß.

Schlichte seelenvolle Texte haben große Liedkomponisten immer wieder zu Vertonungen angeregt.

Als Gustav Mahler die Kindertotengedichte kennenlernt, wird sein Liedschaffen forthin von der Lyrik Friedrich Rückerts bestimmt. 1901 und 1904 vertont Mahler fünf dieser Gedichte, die „Kindertotenlieder" für Mittlere Singstimme (Mezzosopran/Bariton) und Orchester.

Die Entstehungszeit hat einen makabren Beigeschmack: Zwar sind Abschied, Leid und Sterben im Leben und Werk von Mahler ständig präsent (als zweitältestes von zwölf Kindern wird er schon in sehr jungen Jahren mit dem Tod konfrontiert, als sechs seiner Geschwister im Kindesalter sterben), aber die Zeit der Entstehung dieser Lieder fällt mit beruflichem Erfolg und privatem Glück in einer seltsamen Weise zusammen. Mahler ist Direktor der Wiener Hofoper, als Komponist anerkannt, heiratet Alma Schindler, die als Alma Mahler-Werfel berühmt werden sollte. Das

Paar bekommt zwei Kinder, 1902 Maria-Anna, 1904 Anna Justina.

Anna Mahler ist über die Komposition der Kindertotenlieder befremdet und irritiert und schreibt später in ihren *Erinnerungen an Gustav Mahler:* „Ich kann es wohl begreifen, dass man so furchtbare Texte komponiert, wenn man keine Kinder hat oder wenn man Kinder verloren hat. Schließlich hat auch Friedrich Rückert diese erschütternden Verse nicht phantasiert, sondern nach dem grausamsten Verlust seines Lebens niedergeschrieben. Ich kann es aber nicht verstehen, dass man den Tod von Kindern besingen kann, wenn man sie eine halbe Stunde vorher, heiter und gesund, geherzt und geküsst hat. Ich habe damals sofort gesagt: ‚Um Gottes willen, Du malst den Teufel an die Wand!'...‟[2]

1907 stirbt die Tochter Maria-Anna im Alter von fünf Jahren an Scharlach-Diphtherie.

Auch wenn die Kinder das Baby- und Kleinkindalter überlebten, war die Erreichung des Erwachsenenalters keineswegs gewiss. Scharlach, Pocken, Diphtherie und Typhus schwächten die kleinen Körper durch hohes Fieber und trockneten sie durch Flüssigkeitsverlust aus. In wenigen Tagen starben auch ältere Kinder dahin, wie etwa Mathilde, die einzige Tochter des Porträt- und Blumenmalers Moritz Michael Daffinger (1790–1849) und seiner ob ihrer Schönheit berühmten griechischen Ehefrau Marie, die von Franz Grillparzer vor ihrer Heirat mit Daffinger heftig verehrt wurde. Mathilde starb im Alter von knapp fünfzehn Jahren an einem typhusartigen Fieber.

Auch in diesem Fall traf das Unglück die Eltern zu einem Zeitpunkt, als Daffinger am Höhepunkt seines Schaffens und gesellschaftlicher Anerkennung stand. Er hatte die anspruchsvollste Gesellschaft Wiens durch seine trefflichen Porträts erobert, eine große Zahl von Mitgliedern des Kaiserhauses oft mehrfach porträtiert, einer seiner größten Förderer und Auftraggeber war Staatskanzler Clemens Fürst von

Metternich. Auch das literarische und schöngeistige Wien des Biedermeier ist in seinen Porträts vertreten, Freundschaft verbindet ihn mit Dichtern, Franz Grillparzer wird zu einem der engsten Freunde. Dass Marie in ihrer „himmlischen Schönheit" nicht ihn, sondern Moritz Daffinger erhört hatte, ändert an dieser Freundschaft nichts. Dieses künstlerische Glück wird durch den Tod Mathildes jäh zunichte gemacht. Die Eltern waren völlig gebrochen. Franz Grillparzer verfasste die Verse für den Grabstein:

Ein Engel flog zum Himmel
Die Hülle blieb zurück;
Und nichts ist hier gestorben
Als zweier Eltern Glück!

Den Eltern blieben Erinnerungen und die liebreizenden Porträts, die Moritz Daffinger von seiner geliebten Tochter gemalt hatte.

Was so viele Mütter immer wieder erlebten, nämlich beim Tod ihrer Kinder machtlos zusehen zu müssen, fand auch in den Volkserzählungen seinen Niederschlag. In der Märchensammlung von Ludwig Bechstein (1801–1860) gibt es eine rührende kleine Geschichte von einer Mutter, deren einziges Kind an einer schweren Krankheit nach wenigen Tagen stirbt.

Im „Tränenkrüglein" wird erzählt, dass die Mutter nach dem Tod des Kindes nur noch weinte, nichts mehr aß und trank, bis ihr eines Nachts das Kind als Engelchen erschien. In der Hand trug es ein Krüglein, randvoll mit Tränen, die die Mutter geweint hatte, und das Kind bat die Mutter, nicht mehr zu weinen, weil sonst das Krüglein überfließen würde und es die Seligkeit im Himmel verlöre.

Vielleicht fand manche kummergebeugte Mutter auch ein wenig Trost in einem Psalm, der mit diesem Bechstein-Märchen manches gemeinsam hat:

Mein Elend ist aufgezeichnet bei dir,
sammle meine Tränen in einem Krug,
zeichne sie auf in deinem Buch! (Ps 56,9)

Und die Kindersterblichkeit im 20. und 21. Jahrhundert?

Es ist eine grausame Welt, in der Millionen dieser kleinen Lebewesen in Afrika verhungern müssen, während in anderen Teilen der Welt Lebensmittel tonnenweise in den Müll gekippt werden. Und jedes dieser Kinder ist einzigartig, unverwechselbar, ist niemals durch ein anderes Kind, das den Eltern vielleicht später geschenkt wird, ersetzbar. Der Schmerz der Eltern und nahen Verwandten über den Tod eines Kindes wird von keiner Statistik erfasst, erst die unmittelbare Nähe zu einem dieser abgemagerten Körperchen lässt uns etwas davon ahnen.

Jean Ziegler, ein wortgewaltiger Rufer zur Bekämpfung des Hungers in der Welt und überzeugt, dass Hunger kein Schicksal ist, sondern gemacht wird, schildert in seinem Buch *Wie kommt der Hunger in die Welt?* Kinder in Äthiopien in einem Aufnahmelager zur Zeit der großen Hungersnot im Jahr 1985, Kinder die dem Hungertod unentrinnbar preisgegeben sind:

Ich hatte solche Bilder schon zuvor im Fernsehen gesehen. Um mich dagegen immun zu machen, hatte ich mir eingeredet, der Tod durch Verhungern sei ein sanfter Tod, hervorgerufen durch eine fortschreitende Schwächung ... Nun, das ist nicht wahr! Die kleinen runzligen Gesichter, die manchmal mit schmerzverzerrter Miene aus dem Lumpen auftauchten, zeugten von schrecklichen Qualen. Die kleinen Körper krümmten sich wimmernd. Von Zeit zu Zeit hob eine Mutter oder eine Schwester sanft ein Tuch und bedeckte ein Gesicht ...[3]

Es ist nicht nur der Hunger, der die Kindersterblichkeit in den Ländern des Südens nicht sinken lässt, es ist auch die schlechte medizinische Versorgung, der Mangel an reinem Trinkwasser und Krankheiten, gegen die es Medikamente und Impfungen gäbe, würde man sie dort auch einsetzen.

Kindersterblichkeit in Österreich und Deutschland oder auch in den Vereinigten Staaten liest sich ganz anders. Die Medizin hat so viele Möglichkeiten, eine gefährdete Schwangerschaft zu einem guten Ende zu bringen, einem Frühchen zu einer gesunden Entwicklung zu verhelfen, einem behinderten Kind möglichst viel Lebensqualität zu verschaffen. Aber nicht immer gelingt es. Die Grenzen des Machbaren werden beim Tod eines Kindes wohl besonders schmerzlich empfunden.

Kindertotenlied 2009, „Ein kleiner roter Luftballon"

eine holzkiste
dreissig auf vierzig zentimeter
sterne auf blauem grund
ein regenbogen
und die handabdrücke
der eltern und
des kleinen bruders

carla

im siebten monat
tot zur welt gekommen
bei den sternenkindern
begraben
eine hoffnung durchkreuzt
ein leben
heimgeholt von gott ... [4]

Heimgeholt von Gott, wie Anna, Rebecca und Sofie – drei kleine Mädchen, die ihren Eltern durch ihren frühen Tod so viel Schmerz bereiten, ihre Herzen aber auch nach und nach mit Dankbarkeit erfüllen, für das kurze Glück ihres Daseins, das so viel verändert hat, denn „every loss ist forever, but every meeting is forever too," schreibt Robert A. Jonas, der Vater von Rebecca, die nur drei Stunden und 44 Minuten lebte.[5]

Anna: Ein „Überraschungskind", „sie purzelte in unser Leben", wie ihr Vater schreibt, als die Eltern im Februar 2007 von der Schwangerschaft erfahren.[6]

Die neun Monate der Erwartung sind für eine Frau eine unbeschreiblich schöne Zeit, auch wenn Schwierigkeiten oder Beschwerden auftauchen – das neue Leben, das wächst und wächst, ist ein Wunder. Das Wunder des Lebens ... Früher verwendete man das Wort Schwangerschaft eher selten, umschrieb den Zustand mit „guter Hoffnung sein", guter Hoffnung, dass nach neun Monaten ein gesundes Kind das Licht der Welt erblickt.

Auch Anna wird mit Hoffnung und Freude erwartet, das Kinderzimmer eingerichtet, Gitterbettchen, Kuscheldecke, Spieluhr mit einem Schlaflied, Windeln, Babysachen ... alles mit Liebe ausgesucht und gekauft, eine ganz normale Schwangerschaft. Fünf Wochen vor dem Geburtstermin ist plötzlich alles zu Ende. Anna bewegt sich nicht mehr, keine Herztöne im Ultraschall, alles still. „Unser erstes Kind ist tot", schreibt der Vater ein Jahr später in einem berührenden Bericht, „gestorben in meiner Frau". „Wieso das mir?"

Im Spital will man die Geburt mit einem Wehenmittel einleiten, was misslingt. Schließlich doch ein Kaiserschnitt, der Vater ist im OP dabei, und „plötzlich hält der Arzt ein weißliches Körperlein mit vielen braunen Haaren auf dem Kopf im grünen Schimmer des Raumes hoch. Kein Schrei ...", nur die Stille.

Schreckliche Stunden und Tage folgen. Anna ist tot ... Anna muss am Standesamt als tot gemeldet werden: 1647/2007 steht auf ihrer Sterbeurkunde, „keiner entkommt seiner Nummer". Das Maxi-Cosi im Auto wird zum ÖAMTC zurückgebracht, und alles, was an das Baby erinnert, von der Wohnung in den Keller geräumt, ehe die Mutter aus dem Spital nach Hause kommt. „Wir fahren heim nach Brunn am Gebirge … tappen zum Eingang unseres Blocks, hoffentlich begegnet uns niemand …" Verwaiste Eltern, die ohne ihr freudig erwartetes Baby heimkehren. Ganz alltägliche Dinge sind wie ein Stich ins Herz, jeder Kinderwagen, jede Werbung für Babykost und Windeln. „Einmal leuchtet ein bunter Fleck aus der Wiese vor dem Haus. Gelb und violett. Ein Schnuller …"

Anna wird am Ortsfriedhof begraben, in einem „Särglein aus hellem Holz", weich ausgepolstert mit der Kuscheldecke; die Spieluhr und eine kleine Plüschkatze werden ihr mitgegeben. „Ihr Bettchen ist auf dem Friedhof", schreibt der Vater, „aber sie schwirrt auch sonst überall herum …"

Wolfgang Grebers „Anna" ist ein so anrührender Text für mich, denn fünf Jahre zuvor trifft unsere Familie ein ganz ähnliches Schicksal. So viele Parallelen, als ich den Text lese, derselbe Schmerz, dieselbe Trauer.

Katharina, unser freudig erwartetes Baby, mein erstes Enkelkind: drei Wochen vor dem Geburtstermin endet das kleine Leben nach einer ganz normalen Schwangerschaft. „Unser Putzi ist tot", schluchzt mein Sohn ins Telefon, und meine Schwiegertochter ist tagelang wie versteinert.

Auch Katharina wird in einem „Särglein" aus hellem Holz beigesetzt, im Grab meiner Eltern und meines Mannes. Wenn ich an das kleine Kistchen denke, in dem unser Baby vom Bestatter herbeigetragen wird, krampft sich auch heute noch mein Herz zusammen. Unser Pfarrer, der die Eltern fünfzehn Monate vorher getraut und gesegnet hat, spricht die Gebete, sagt wenig mit eigenen Worten, aber wir spüren, wie sehr er bei uns ist. (Ein Jahr später wird er Stephanie taufen und davon sprechen, dass sie eine Schwester im Himmel hat.)

2004 wird am Salzburger Kommunalfriedhof das Grabmal und die Gedenkstätte für „still geborene Kinder" errichtet, wo Eltern trauern und beten, Kerzen entzünden und Blumen niederlegen können, und am Grabstein steht ein tröstlicher Text von Antoine de Saint-Exupéry.

Ehe es diese Einrichtung gab, wurden still geborene Babys, wenn kein eigenes Grab vorhanden war, in sogenannten „Gemeindegräbern" bestattet, anonym und ohne Kosten. Nun haben auch die verwaisten Eltern dieser Babys einen konkreten Ort für ihre Trauer, wenn sie sich, umfangen von Schmerz und Trauer, zu keiner Entscheidung durchringen können oder ihnen für ein Grab die finanziellen Mittel fehlen.

Rebecca: Vier Jahre nach dem Tod seiner kleinen Tochter schreibt Robert A. Jonas ein Buch über die Monate der freudigen Erwartung, das nur wenige Stunden währende Leben von Rebecca, über ihren Tod und den schmerzvollen Weg von Gram und Kummer, Verzweiflung und Anklagen gegen Gott zu Dankbarkeit und neuem Gottvertrauen.

Die Schwangerschaft von Margaret Jonas ist schwierig, und Rebecca kommt als Frühchen im sechsten Monat durch Kaiserschnitt zur Welt. Die medizinische Versorgung in einem Spital in Boston ist die denkbar beste, aber Rebecca ist winzig und schwach, eine Handvoll Leben, viel zu früh auf die Welt gekommen. Die kleinen Lungen sind noch so wenig entwickelt, dass ihr Körperchen auch mit dem zugeführten Sauerstoff nicht genug davon bekommt. Die Ärzte prognostizieren eine Überlebenschance von 10 %.

Inkubatoren, Schläuche, Monitore, blinkende Lichter, Schwestern und Ärzte. Intensivstationen lassen den Tod und seine Nähe so sehr spüren.

Rebecca öffnet in keinem Moment ihres kurzen Lebens die Augen, und der verzweifelte Vater streichelt das kleine Gesichtchen und flüstert „It's your daddy" …

Eine Schwester, jung, groß und blond, fragt Robert Jonas, ob er sein Töchterchen nottaufen möchte, und bringt ihm ein Glasfläschchen mit Wasser. „I never would have thought of it …", schreibt Rebeccas Vater, in all dieser Verzweiflung und Angst einfach nicht an eine Nottaufe gedacht, und die Schwester ist für ihn wie ein Engel.

Allmählich wird es zur Gewissheit, dass es kein Überleben für Rebecca gibt.

Es sind immer dieselben Fragen, die sich Eltern stellen, denen ein Kind stirbt: Wie kann ein barmherziger Gott das zulassen? Gibt es ein Leben nach dem Tod? Wie werden wir den Schmerz aushalten, unser Kind verloren zu haben? Warum haben wir es nur für eine so kurze Weile haben dürfen? Wenn jede Liebe in Verlust endet, welchen Sinn hat es dann zu lieben?

Rebeccas Mutter, noch geschwächt von der Operation, wird zu ihrem Baby gebracht, und die Eltern halten das kleine Wesen und müssen Abschied nehmen, Abschied nach kaum vier Stunden.

Als Robert Jonas vier Jahre später die Geschichte der kleinen Rebecca erzählt, ist er auf seiner „Reise" bei der Dankbarkeit angekommen. Seine Tochter hat trotz ihres kurzen Lebens allen, die mit ihr in Berührung kamen, so viel Liebe gebracht. „This is the story of my daughter Rebecca", beginnt Jonas, „and the gift of love she brought …"

Henri J. M. Nouwen verfasst das Vorwort. Er ist seit langen Jahren mit Robert Jonas befreundet, ein beeindruckender Mann, Priester, Schriftsteller und Wissenschaftler, der seine Karriere als Professor an der Harvard Universität beendete und die letzten zehn Jahre seines Lebens mit Behinderten in der Arche-Gemeinschaft „Daybreak" in Richmond Hill bei Toronto lebt.

„Es ist ein Buch über Trauer und Schmerz, aber auch über Dankbarkeit", schreibt Nouwen, „über Angst und Hoffnung, Verlust und Gewinn, Zeit und Ewigkeit – ein Geschenk für Leser, die das Leben trotz Leid und Schmerz als Segen sehen und nicht als Fluch."

Sofie: Über ihre Tochter Sofie hat Gisela Hinsberger ein Buch verfasst: *Weil es dich gibt. Aufzeichnungen über das Leben mit meinem behinderten Kind*[7] ist das Buch einer liebenden Mutter über das Auf und Ab von Leid und Verzweiflung, Hoffnung und Lebensfreude und unerwartet geschenktem Glück.

In der 23. Schwangerschaftswoche wird nach einer Spezialuntersuchung klar, dass das Baby „schwerstmehrfachbehindert" ist, wie es der Arzt ausdrückt. Es wird gelähmt sein und „Klumpfüße" haben, und der Abbruch sollte möglichst bald stattfinden, da das Kind sonst lebensfähig sei. Gewünschter Termin?

„Die Zukunft ist plötzlich ein Loch", und in der Nacht kommt die Angst: Angst vor Ausgrenzung, Einsamkeit, Überforderung, Angst, dass das Kind am Leben kaum teilhaben wird.

Nach und nach erfahren es Nachbarn, Verwandte und Bekannte. Die Reaktionen reichen von Zuspruch über Trauer und Bestürzung bis zu Befremden und Entsetzen und der Frage, ob das heute noch sein muss, ob man das nicht hätte verhindern können.

Max, der Erstgeborene, gerade zehn geworden, wird behutsam auf die behinderte Schwester vorbereitet – er hätte sich einen Bruder zum Fußballspielen gewünscht.

„Spina bifida", „offener Rücken" – „seit der Diagnose sind mir neue Augen gewachsen", schreibt die Verfasserin. „Überall sehe ich Rollstühle, überall behinderte Menschen ..." Sofie kommt durch Kaiserschnitt auf die Welt und wird sofort operiert. Und wieder ist es die gläserne, elektronische Welt, in der die Eltern auf ihr Kind treffen. Glasbettchen, blinkende Geräte, Kabel, die am Körper enden, eine Sonde in der kleinen Nase, der operierte Rücken mit Gaze abgedeckt. Sieben Wochen muss Sofie in der Klinik bleiben, der Mutter wird erlaubt, viele Stunden bei ihrem Kind zu sein, Handgriffe für die Pflege zu lernen. Dann endlich zu Hause, der Beginn eines neuen Lebens: Therapien, Arztbesuche, Urologie, Orthopädie, Kinderarzt, sozialpädagogisches Zentrum, immer wieder Spitalsaufenthalte.

Sofie ist ein ruhiges, fröhliches Kind, lässt sich bereitwillig gipsen, therapieren, katheterisieren … Dann wieder unvorhergesehene Komplikationen, in die Klinik hetzen, und zur Sorge um Sofie kommt die um Max, dass er bei alledem zu kurz kommt, weil seine behinderte Schwester so viel an Zeit braucht.

Als Sofie zwei Jahre alt ist, wird für sie ein kleiner Rollstuhl angefertigt, ein großer Tag, sie muss sich nicht mehr ständig herumtragen lassen, rollt selbst dorthin, wo sie sein will, und ihre Freude über ein Stück Unabhängigkeit ist groß.

Weitere Operationen, Klinikaufenthalte, Therapien, Aufregungen und das Glücksgefühl, wenn einige Tage lang so etwas wie Alltag abläuft.

Mit drei Jahren beginnt Sofie einen integrativen Kindergarten zu besuchen. Das Zusammensein mit anderen Kindern ist für sie eine positive neue Erfahrung, mit Offenheit nehmen sich die Kinder gegenseitig an und lernen voneinander.

Und wieder Klinikaufenthalte, künstliche Beatmung wie schon so oft, weil Sofie zu wenig Luft bekommt, eine Entlastungsoperation wegen der Druckgefahr im Bereich des Hirnstamms, was zu Lähmungen an Händen und Armen führen könnte …

Eine Reise in den Süden im Sommer, die ganze Familie ist unterwegs. „Fahren Sie in den Urlaub", sagt der Kinderarzt. „Nützen Sie die Zeit, die Sie haben." Die Zeit, die Sie haben …

Es wird Winter, und Sofie verteilt Einladungen für das Fest zu ihrem fünften Geburtstag. Kurz darauf wird sie krank, bekommt zu wenig Luft. Die Mutter versucht es zunächst mit Sauerstoff durch die Nasenbrille, aber dann wird es zu gefährlich, die Rettung fährt mit Blaulicht in die Klinik. Dort verbringt Sofie auch ihren Geburtstag, sediert und beatmet. Zwei Tage später, als die Werte immer schlechter werden, eine Notoperation. „Wir haben alles getan", sagt der Arzt. Die Eltern stehen an Sofies Bett, bis ihr kleines Leben verlischt.

Und die frage nach dem warum
nach dem wieso
und es gibt keine antwort
und der himmel hängt tief
und es ist kalt
und die welt ist grau …[8]

Auch gläubigen Menschen wird es in der Regel schwerfallen, den Tod eines Kindes hinzunehmen, ohne Fragen zu stellen, wie ein barmherziger und gütiger Gott das zulassen kann, was der Sinn des grausamen Geschickes sein könnte. Vielleicht erschließt sich Jahre später der Sinn und verbindet sich mit einer großen Dankbarkeit für das ach so kurze Glück.

Therese Vanier, die Schwester des Arche-Gründers Jean Vanier, spricht in ihrem Buch *One Bread, One Body* (1997) davon, man müsse die Fähigkeit entwickeln, nicht immer nach dem Sinn zu fragen, sondern das „Geheimnis", wie sie es nennt, „stehenzulassen". „Nur indem man das Geheimnis stehenlässt, kann man letztlich den Glauben an einen liebenden Gott versöhnen mit dem Tod eines Kindes oder jungen Menschen. Dabei geht es darum, etwas stehenzulassen, was ein Skandal ist und als solcher benannt sein muss, und dennoch irgendwie darauf zu vertrauen, dass sich irgendwann der Sinn dieses Geheimnisses enthüllen wird …'[9]

Auch dem Gedicht vom Begräbnis der kleinen Carla gibt Andrea Schwarz zuletzt eine Wendung, die die Hoffnung auf Sinnfindung leben lässt: Ein kleiner roter Luftballon steigt vom Grab nach oben in den Nebel hinein, „fliegt der unendlichkeit entgegen – heimgegangen".[10]

Das Geheimnis stehenlassen, um später einen Sinn zu finden, später – vielleicht.

CHRISTINE UNTERRAINER

Die Suche nach dem Sinn von Leid

WENN WIR NACH DEM SINN VON ETWAS FRAGEN, dann kann dies dreierlei bedeuten – erstens die Frage nach der Funktion („funktionaler Sinn": was ist der Sinn dieses Schalters? Welchen Sinn hat die Sommerzeit? Welchen Sinn haben Neuwahlen?); zweitens die Frage nach der gleichnishaften Bedeutung („symbolischer Sinn": was ist der Sinn dieser Parabel? Was ist der Sinn der Taufe? Was ist der Sinn einer Tätowierung?); drittens die Frage nach dem inneren Wert („intrinsischer Sinn": was ist der Sinn der Liebe? Was ist der Sinn des Seins? Was ist der Sinn eines Spiels?). Wenn wir nach dem Sinn von Leiden fragen, so besteht die Versuchung einerseits darin, den Sinn von Leiden in einer Funktion anzusiedeln, andererseits darin, den Sinn von Leiden als in sich selbst ruhend, als „Selbstzweck" und „Endsinn" anzusehen. Die erste Ansicht (der Sinn von Leiden besteht in der Funktion des Leidens) unterwirft den Blick auf das Leiden einem Nützlichkeitsdenken, das aus jeder menschlichen Erfahrung etwas herauspressen möchte, wie bestimmte Menschen aus einer Zitrone. Das Leiden wird damit auch um eine „Tiefe" gebracht, wenn es über Funktionen beschrieben und auf derselben Ebene wie die Frage nach der Funktion eines bestimmten Maschinenteils abgehandelt wird. Leiden ist auch ein Mysterium, Leiden hat auch mit Unabschließbarkeit und Offenheit und einem nicht zu erledigenden Auftrag und einer nicht restlos aufzuklärenden Tiefe zu tun. Da greift die Frage nach der Funktion zu kurz, wenn sie vielleicht auch noch mit biologischen Begriffen (Schmerz in seiner Wächterfunktion) oder soziologischen Vokabeln (Leiden als Instrument zur Solidaritätserzeugung) erfasst wird. Die zweite Ansicht (Leiden ist in sich selbst wertvoll) führt zu einer gewissen Verherrlichung des Leidens, das nun einen Selbstzweck erfüllt; das nicht rechtfertigungs- und begründungspflichtig ist, sondern „als in sich sinnvoll" angesehen wird. Vor einer solchen Ansicht kann man nur warnen, weil es ein bestimmtes Weltbild („Leiden ist gut") und ein bestimmtes Gottesbild („Leiden ist gottgefällig") transportiert, das es schwer macht, gegen Leiden anzukämpfen, wie das die Impulse heiligmäßiger Menschen waren und sind, die sich gegen Krankheit und Schmerzen und Armut und Ausbeutung starkgemacht haben. Die Frage nach dem Sinn des Leidens ist deswegen als die Frage nach der tieferen Bedeutung des Leidens zu verstehen. Etwa im Sinne der Frage: Welches Gleichnis erzählt das Leiden? Welche Geschichte wird durch menschliches Leiden offenbar? Welche Lebensmöglichkeiten ergeben sich durch das Leiden?

Die Hoffnung auf Frucht

Leiden soll nicht als in sich wertvoll angesehen werden; wir wollen im Eifer der Suche nach dem Sinn von Leid nicht vorschnell dem menschlichen Leiden zustimmen. Der französische Philosoph Albert Camus ist durch seine klare Position hervorgetreten, die sinngemäß besagt: „Solange Kinder unschuldig leiden müssen, werde ich der Idee des religiösen Glaubens meine Zustimmung verweigern." Wir wollen nicht vergessen, dass es dieses unaussprechliche und unerklärliche Leid gibt. Jonathan Glover berichtet in seinem Buch über die Unmenschlichkeiten des 20. Jahrhunderts von einer kuwaitischen Familie, deren Sohn nach der irakischen Invasion in die Hände der Iraker gefallen war. Die Familie erhält die Nachricht, dass ihnen an einem bestimmten Tag der Sohn zurückgebracht wird. Sie bereiten sich mit einem Fest auf dieses wunderbare Ereignis vor, richten ein Festmahl zu. Ein Auto fährt vor, ihr Sohn wankt ihnen entgegen – man hat ihm Ohren, Nase und Genitalien abgeschnitten, er hält seine beiden Augen in den Händen. Er macht einige Schritte auf das Haus seiner Familie zu, dann wird zweimal auf ihn geschossen, er fällt zu Boden, stirbt – und die Familie wird in einem Befehl, dessen Grausamkeit kaum zu überbieten ist, angewiesen, den Leichnam drei Tage lang nicht anzurühren.[1] Wer will angesichts von solchem Leid behaupten, „dass es schon seine Richtigkeit habe"? Wer will den Angehörigen des Toten ins Gesicht sagen, dass „Leiden in sich wertvoll" sei? Oder wer wollte meinen, dass dies „gottgewollt" sei?

Hier bleibt nur die Hoffnung auf den Sinn der Frucht des Leidens. Von dieser Hoffnung hat Elie Wiesel immer wieder gesprochen. Er hatte als 16jähriger Bub das Konzentrationslager Auschwitz überlebt, hatte seinen Vater sterben sehen, seine Mutter schon gleich nach der Ankunft in Auschwitz verloren. Elie Wiesel stellte sein Leben in den Auftrag, Auschwitz nicht in Vergessenheit geraten zu lassen; er hielt an der Hoffnung fest, dass auch aus diesem Leiden wertvolle Frucht erwachsen könne, ein Mehr an Menschlichkeit, ein Bekenntnis zur Pflicht der Erinnerung, ein Ehren der Toten ... diese Früchte rechtfertigen das Leid nicht, sie sind keine Begründung für das Leiden, aber sie drücken eine Hoffnung darauf aus, dass das Leiden, gerade weil wir angesichts des Leidens Verpflichtungen wahrnehmen, nicht vergebens, nicht „sinn-los" gewesen sei. Noch einmal: Das ist keine Begründung für das Leiden, aber der Versuch, das Leiden in eine Geschichte einzubetten, die über das Leid hinausgeht; die dem Leiden Bedeutung und Tiefe verleiht und einem Leben, das sich in den Dienst des rechten Umgangs mit dem Leiden stellt, Kraft und Tiefe. Eben das ist mit der Suche nach dem symbolischen Sinn von Leiden gemeint. Wir können die Frage „Warum leiden?" nicht abschließend beantworten, schon gar nicht in einer allgemeinen Form, da es der Achtung vor dem Leiden von Menschen entspricht, jede Leidenssituation als besondere Leidenssituation anzusehen, jeden Fall zu einem besonderen Einzelfall werden zu lassen. Wir können auch die Theodizeefrage nicht lösen – die Frage also, wie man die Güte und die Allmacht Gottes mit dem Leiden in der Welt vereinbaren könne. Auch das Buch Hiob hat keine Lösung dieser Frage gegeben. Aber wir können Fragen stellen, nach dem tieferen Sinn von Leiden.

Ich will die Art von Fragen, die man auf der Suche nach dem Sinn des Leidens stellen kann, an einer Begebenheit verdeutlichen: Ich wurde einmal eingeladen, ein Seminar über Religion und Vertrauen im Rahmen des Forum Alpbach zu halten. Unter den Hörern und Hörerinnen des Seminars war auch Professor Hans Albert, der bekannte deutsche Philosoph, Vertreter des Kritischen Rationalismus und überzeugter Atheist. Ich verspürte große Achtung vor Professor Albert, der mit großer Bescheidenheit und Aufmerksamkeit dem Seminar folgte und auch in seinem 89. Lebensjahr nicht in seinem Atheismus wankte. Er sagte mir, dass seine große Frage, die ihn daran hindere, dem religiösen Glauben nahezutreten, das Leiden in der Welt sei. Wie kann man das unvorstellbare Leiden, das es in allen Formen und Auswüchsen in der Welt gebe, mit einem gütigen, allmächtigen und allwissenden Gott vereinbaren? Es war allen Anwesenden klar, dass Hans Albert nicht von mir verlangte, das Theodizeeproblem aufzulösen: aber er wollte doch eine ehrliche Reaktion eines gläubigen Menschen sehen. Mein Antwortversuch war folgender: Ich kann natürlich keine Antwort auf diese Frage geben, aber ich kann eine andere Frage aufwerfen, die mich in diesem Zusammenhang beschäftigt. Und diese Frage lautet: Wie müsste eine Welt aussehen, in der sich das Theodizeeproblem nicht stellt, und: würden wir in einer solchen Welt leben wollen? Wie müsste eine Welt aussehen, in der sich das Theodizeeproblem nicht stellt?

Eine Welt, in der sich das Theodizeeproblem nicht stellt, könnte eine Welt wie die Schöne Neue Welt von Aldous Huxley sein oder auch eine Welt wie der Himmel bei Julian Barnes.[2] In Huxleys *Brave New World* finden wir eine schmerzfreie Welt, in der die Menschen haben, was sie begehren, und begehren, was sie haben. Es ist eine Welt, in der keine Kluft zwischen Selbstverständnis und Weltverständnis auftritt, eine Welt, in der es eine lustschenkende

Droge ohne Nebenwirkungen gibt, Vergnügungen aller Art und keine störenden Quellen von Fragen, wie es Religion, Philosophie, Literatur sein könnten. Die Menschen haben vielleicht keine „Lebenstiefe", aber sie sind glücklich. In Julian Barnes' Szenario des Himmels findet sich ein Mann in einem paradiesischen Zustand, in dem alles so geschieht, wie er es sich wünscht. Er gewinnt im Sport, er bekommt jedes Konsumgut, er kann mit jeder Frau ausgehen, er liest in der Zeitung nur Nachrichten, die ihn freuen. In beiden Fällen handelt es sich um Welten, in denen sich die Theodizeefrage nicht stellt. Und nun die Rückfrage: Würden wir in einer solchen Welt leben wollen? Oder auch: Könnten wir eine solche Welt vernünftigerweise anstreben? In Huxleys Schöner Neuer Welt gibt es einige wenige Menschen, die mehr wollen als nur schmerzfreies Erleben; sie stellen sich tiefere Fragen und fordern geradezu das Recht auf Leiden ein – denn ein Leben, das Tugend und Heroismus kennen soll, ein Leben mit Opferbereitschaft und starken Bindungen, ein Leben mit Tiefe, wo das, was einen Wert hat, auch einen Preis hat, ein Leben mit Unberechenbarkeit und Offenheit – ein solches Leben schließt auch die Möglichkeiten von Leiden ein. In Julian Barnes' Darstellung des Himmels wird es dem Himmelsbewohner bald langweilig, er wünscht sich ein wenig Pech, etwas Unglück, eine kleinere Operation, Misserfolge, Niederlagen. Aber auch dieser Dynamik – das Gesetz nämlich, dass immer das eintritt, was er sich wünscht – wird er überdrüssig; als er erfährt, dass auch Gott nur ein Gegenstand seines Wünschens sei, wünscht er sich letztendlich den Tod.

Wie muss eine Welt beschaffen sein, in der sich das Theodizeeproblem nicht stellt? Wie sieht eine Welt aus, in der es kein Leiden gibt? Wollen wir in einer solchen Welt leben? David Eagleman hat in einem kleinen Büchlein vierzig Szenarien eines Lebens nach dem Tod zusammengestellt. Wie wäre es, in einem Leben nach dem Tod zu sein, in dem nur die Menschen vorkommen, an die man sich erinnert und die man liebt? Wie wäre es, in einer Welt zu leben, in der man ein Erlebnis nach dem anderen kaufen kann? Wie wäre es, in einem altmodischen und eher langweiligen Himmel zu sein – „es gibt Manna und Milch beim Buffet statt Sushi und Sake. Die Harfenmusik ist nervtötend langsam … die übergewichtigen Menschen zu deiner Linken spielen Bridge."[3] Hier gibt es kein Leiden, aber auch keine Kraft, keinen Sinn, keine Tiefe. Ein Leben wie ein ununterbrochener Spaßurlaub oder eine Welt, die einem gedämpften Luxushotel gleicht, scheinen keinen Raum für menschliche Größe oder menschliche Entwicklung zu haben. Können wir das – auf Dauer und im Ganzen gesehen – vernünftigerweise wollen?

Früchte des Scheiterns

Mit diesen Szenarien und diesen Rückfragen wird das Theodizeeproblem nicht gelöst; und es wird auch das Leiden nicht gerechtfertigt. Es wird aber die Frage nach der Tiefe der Geschichte gestellt, die wir über uns Menschen, über unsere Conditio als Menschen, über Gott und unser Verhältnis zu Gott stellen. Unsere Geschichte gewinnt an Tiefe, wenn wir sie eingedenk des Leidens erzählen; oder auch: die Tiefe unseres Daseins hängt wesentlich mit dem Umstand zusammen, dass wir mit Unauflösbarem und Offenem leben müssen. Die Frage nach dem Sinn des Leidens wird damit als die Frage nach der Symbolkraft des Leidens gestellt. Auf welche unsichtbaren Lebenstiefen und Lebensmöglichkeiten verweist das sichtbare Leiden? Die Lebensmöglichkeiten haben mit den Früchten zu tun, die aus dem rechten Umgang mit dem Leiden entstehen können. Die Lebensmöglichkeiten hängen mit Werten und deren Ordnung zusammen, die durch das Leiden offenbar werden. Diese Frage nach Früchten, Werten und Gütern hat uns schon im Zusammenhang mit der Tapferkeit beschäftigt.

Wenn Tapferkeit die Fähigkeit ist, Widriges um eines höheren Gutes willen ertragen zu können, dann ist die Frage nach dem Sinn von Leiden offensichtlich nicht von der Frage nach dem höheren Gut zu trennen. Wir erleiden etwas in Würde und in Tapferkeit, weil wir wissen, warum wir es tun; weil wir wissen, dass das Leiden ein Weg zu einem hohen Ziel ist; weil wir wissen, dass aus dem Leiden Frucht kommen kann. An welche Früchte kann man hier denken? Beginnen wir mit den möglichen Früchten von Niederlagen, die Menschen erleiden:

(i) Eine Niederlage setzt uns eine Grenze, und dadurch wird das, was innerhalb der Grenze liegt, besonders wertvoll. Das, was vor der Niederlage vielleicht selbstverständlich war, wird nun kostbar und hat an trivialer Selbstverständlichkeit eingebüßt. Auch Erfolg kann verwöhnen, auch Erfolg kann inflationär werden und dadurch an Wert verlieren. Eine aufmunternde Niederlage, um es einmal so auszudrücken, kann den nächsten Erfolg um so wertvoller machen. Der Mensch, der nur Erfolg hat, könnte nahezu ein Verdammter genannt werden. Ein Mensch, der nur Erfolg hat, wird diesen Erfolg als selbstverständlich ansehen; er muss sich ständig gegen die Krankheiten der Langeweile und der Überheblichkeit schützen.

(ii) Niederlagen sind Wege zur Selbsterkenntnis. Niederlagen erzählen uns etwas über uns selbst. Die Selbsteinsicht ist eine der wichtigsten Aufgaben im Leben und auch eines der wichtigsten Werkzeuge, um durchs Leben zu kommen. Im Umgang mit Niederlagen lernen wir auch einen Umgang mit uns selbst; dadurch wird das Immunsystem gegenüber moralischen Erkrankungen gestärkt; eine solche moralische Erkrankung stellen Stolz und Hochmut dar. Sie sind gefährlich.

Chris Warner und Don Schmincke haben in einem Buch über Führungsethik von den Gefahren erzählt, die eine Expedition bedrohen, wenn Menschen unter gefährlichen Umständen sich selbst überschätzen. Die beiden berichten von Expeditionen auf den Mount Everest: Zwischen 1922 und 2007 gab es mehr als 13.000 Versuche, den höchsten Berg der Erde zu erklimmen; 73 % dieser Versuche sind gescheitert, 208 Menschen kamen ums Leben.[4] In nicht wenigen Fällen waren Stolz und Selbstüberschätzung die Gründe für das Scheitern. Die Autoren zitieren am Anfang des Kapitels über die Falle der Arroganz ein Wort von Sophokles: „Diejenigen, die die Götter zerstören wollen, machen sie zuerst stolz." Stolz paart sich mit Egoismus, bewirkt Leichtsinn und Unvorsichtigkeit, bringt Selbstüberschätzung mit sich, führt dazu, dass Warnungen in den Wind geschlagen werden. Ein ganzes Expeditionsteam kann durch die Arroganz eines einzelnen Mitglieds, das leichtsinnig vorgeht, in Lebensgefahr gebracht werden. Expeditionen auf den Mount Everest sind insofern Lektionen in Demut, als man auf harte Widerstände und Hindernisse stößt, die im wörtlichen Sinn über Leben oder Tod entscheiden. Hier kann man sich nicht in schöne Worte oder symbolische Gesten oder Scheinwelten flüchten. Der Berg lässt nicht mit sich handeln. Warner und Schmincke sprechen von der gesunden Dosis der Demut, die notwendig ist, um nicht der lebensgefährlichen Krankheit der Arroganz zu verfallen. Menschen, die Erfahrungen mit Scheitern hinter sich haben, sind weniger anfällig (freilich auch nicht immun) gegen die Krankheiten von Stolz und Selbstüberschätzung, Überheblichkeit und ignoranter Arroganz. In der japanischen Samurai-Literatur findet sich in der berühmten Sammlung von Weisheiten, der *Hagakure,* der Satz: „Ein Mann, der noch nie gepatzt hat, [ist] … riskant."[5] Ein Mann der noch keinen Fehler gemacht hat, eine Frau, die noch nie gescheitert ist, eine Frau, die noch nicht an ihre Grenzen gekommen ist, ist riskant. Denn solche Menschen neigen dazu, Warnungen zu ignorieren, sie neigen dazu, sich selbst zu überschätzen, überheblich zu werden und sich allzu selbstgefällig und allzu bequem in ihrer Welt einzurichten.

(iii) Durch eine Niederlage werden Menschlichkeit und das Mitgefühl gesteigert. Das Mitgefühl wächst bei einem Menschen, der um die eigene Verwundbarkeit weiß. Das ist eine Einsicht, die wir schon bei Aristoteles finden.[6] Es ist beispielsweise erwiesen, dass Eltern von Kindern mehr Verständnis für schreiende Babys in öffentlichen Verkehrsmitteln aufbringen und eher Mitgefühl mit den Eltern und dem schreienden Kind empfinden als kinderlose Erwachsene. Das hat etwas mit der Erfahrung von Verwundbarkeit zu tun. Das Erleiden von Niederlagen ist eine nachdrückliche und ausdrückliche Erinnerung an die eigene Fehlbarkeit, an die eigenen Grenzen, an die eigene Verwundbarkeit. Menschen, die keine Niederlagen erlebt haben oder sie nur oberflächlich empfunden haben, werden Schwierigkeiten haben, Mitgefühl aufzubauen und damit Menschlichkeit zu kultivieren.

(iv) Niederlagen können als eine Frucht auch die angesprochene Tapferkeit hervorbringen. Tapferkeit können wir nur im Angesicht von Hindernissen und Widrigkeiten einüben. Damit hängt auch die Idee zusammen, dass eine Niederlage Räume für menschliche Größe eröffnet. Als menschlich groß bezeichnen wir Personen, die sich in der Niederlage als würdige Verlierer zeigen und dem Sieger den Erfolg gönnen. Hier gibt es auch die Kategorie des moralischen Sieges in der Niederlage.

(v) Eine Niederlage öffnet den Raum für Verheißung; sie eröffnet Raum für Neues, für einen Neuanfang, für Wandlung, Transformation und Reform. Eine Niederlage stellt eine Durchbrechung unserer Handlungspläne und Handlungssicherheiten dar; wir müssen innehalten und darüber nachdenken, wie es weitergehen soll. Der israelische Philosoph Avishai Margalit hat an einer Stelle bemerkt, dass die Würde des Menschen durchaus auch mit seiner Fähigkeit zusammenhängt, einen Neuanfang zu machen. Als die amerikanische Gesundheitsreform wieder einmal gescheitert war, schrieb Jacob Hacker im *British Journal of Political Science* im Jahr 2001 in einem Beitrag „Learning from defeat?": „Größere soziale Reformen im System brauchen Leidensdruck. Solange dieser Leidensdruck nicht vorhanden ist, wird die Resistenz gegen Systemänderungen entsprechend groß sein."[7] So könnten wir eine Niederlage auch als „Movens" sehen, als Kraft, die bewegt – die hinbewegt zu Verwandlung und Neuanfang. In diesem Sinn sind Niederlagen auch verheißungsvoll.

Dies sind Früchte, die Niederlagen im besonderen und auch das menschliche Leiden im allgemeinen hervorbringen können. Es besteht freilich keine Garantie dafür, dass sich diese Früchte auch zeigen. In vielen Fällen macht Leiden müde und bitter, führt zu Zerstörung und Einsamkeit. Eben an dieser Stelle tut sich der Spielraum auf, der im Zusammenhang mit dem Leiden besteht. Und wenn es um einen Spielraum geht, kommt das zum Tragen, was man „Ethik" nennt. Ethik als das Nachdenken über das Gute und sittlich Richtige befasst sich in erster Linie mit dem menschlichen Handeln – „Was sollen wir tun?" ist eine der Hauptfragen der Ethik. Und doch ist damit nicht die Ethik erschöpft. Es gibt auch den Auftrag an das Gute angesichts des Leidens; es gibt auch so etwas wie die Frage nach dem „guten" und dem „richtigen" Leiden.

Rechtes Leid und Leidensfähigkeiten

Die meisten Menschen würden die Intuition teilen, dass es eine rechte und eine unrechte Weise zu leiden gibt. Leiden, das mit Realitätssinn und dem Willen zum Wachstum, mit Selbstachtung und Akzeptanz auf sich genommen wird, flößt Respekt ein, während ein Mensch, der sich durch das Leiden „in sich hineinkrümmt", sich nur mehr mit sich selbst beschäftigen kann, klagt und in Selbstmitleid badet, wenig beeindruckt. Eine Ethik des Leidens hat mit der Einbettung von Leiden in einen größeren Zusammenhang zu tun, mit Einstellungen und Werthaltungen, dem Ausdruck des Leidens und dessen Integration in einen je neuen Alltag. Vielleicht verhält es sich mit dem Leiden ähnlich wie mit dem Lieben: Wir müssen darauf vorbereitet werden; wir müssen das Leiden als eine Kunst ansehen, die eingeübt werden will.

Es ist nicht selbstverständlich, dass wir wissen, was es heißt, zu lieben. Es ist nicht selbstverständlich, dass wir wissen, was es heißt, zu leiden. Tatsächlich scheinen zwischen Lieben und Leiden Ähnlichkeiten zu bestehen, die wir uns ansehen wollen:

Lieben und Leiden sagen etwas darüber aus, worüber wir uns sorgen; was uns etwas wert ist. Wenn wir jemanden lieben, so machen wir uns verwundbar, weil wir nun in eine Bindung eingetreten sind, die uns prägt und formt. Einen Menschen zu lieben bedeutet ja auch, durch diese Liebe geformt zu werden: etwas zu erleiden. Es sagt viel über unser Lieben aus, wenn wir uns die Frage stellen, woran wir leiden. Liebe widersetzt sich ebenso wie das menschliche Leiden der Gleichgültigkeit. Die Liebe strukturiert unsere Wertelandschaft – durch „Strukturen der Sorge", also durch feste Bindungen, die uns nahelegen, worum wir uns sorgen, was uns also wichtig ist, wird unsere Handlungswirklichkeit mit Höhen und Tiefen, Farben und Formen, Nähe und Distanz gefüllt. Für einen Menschen, der nicht liebt, liegt alles gleich-gültig auf derselben Ebene. Liebe ist die Macht, Dinge aus ihrer Gleich-Gültigkeit zu befreien und mit Wert zu erfüllen. Diese Frage ist ganz entscheidend – neben der Frage, was wir wissen, und neben der Frage, was wir tun sollen, ist die Frage, „was uns wichtig sein soll", „worum wir uns sorgen müssen", „wofür wir Sorge tragen müssen", von entscheidender Bedeutung.[8] Liebe versorgt uns mit Sorgen. Und Leiden ist Ausdruck dieser Sorge, dieser Sorgen: Wir leiden an dem, was uns wichtig ist, wofür wir Gründe haben, uns zu sorgen. Leidensfähigkeit ist damit verbunden mit der Liebesfähigkeit; und ähnlich wie wir uns fragen können, was unsere Liebe verdient (liebst du tatsächlich deine Medaillensammlung und willst du nicht zwischen „liking" und „loving", zwischen „mögen" und „lieben" unterscheiden?), können wir uns fragen, was es wert ist, Grund und Gegenstand unseres Leidens zu werden. Ähnlich wie das Lieben eine Form eines ernsthaften Lebens ist (sich selbst ernst zu nehmen bedeutet, das ernst zu nehmen, was einem wichtig ist), so ist auch das Leiden eine Form eines ernsthaften Lebens. Ein Mensch, der sich und sein Leben ernst nimmt, wird bestimmte Sorgen übernehmen und sich gerade deswegen für Leiden verwundbar machen. Das rechtfertigt das Leiden nicht; aber es deutet doch an, dass ein „Sinn von Leiden" damit zusammenhängen kann, dass man sich selbst ernst nimmt; dass man sein Leben ernst nimmt und deswegen auch Werte verfolgt, für die man auch einen Preis zu zahlen bereit ist, und Verletzbarkeiten zulässt. Menschen, die nicht leidensfähig sind, können ihr eigenes Leben schwerlich ernst nehmen. Denken wir an den Protagonisten in Simone de Beauvoirs berühmtem Roman *Alle Menschen sind sterblich:* Ein italienischer Adeliger trinkt im Mittelalter ein Unsterblichkeitselixier und ist seitdem der einzige Unsterbliche unter all den sterblichen Menschen. Im Laufe der Jahrhunderte kommt ihm die Handlungskraft abhanden, alle Tätigkeiten liegen auf derselben Ebene, er wird zusehends unfähig, starke Bindungen einzugehen, ernsthafte Sorge zu übernehmen, sich um etwas zu bemühen. Warum? Weil alles für ihn auf derselben Ebene liegt, gleich-gültig geworden ist. Im Modus der Gleichgültigkeit verliert das Leben seine Ernsthaftigkeit. Im Modus des Zynismus, der nichts Heiliges kennt und deswegen Leiden verweigert, verliert das Leben Kraft und Tiefe und erschlafft. So gesehen ist das Leiden ein Ausdruck eines ernsthaft und kraftvoll gelebten Lebens, „in dem es um etwas geht", „in dem etwas auf dem Spiel steht".

Leiden ist damit Ausdruck der ernsthaften Lebensgestaltung – und will seinerseits gestaltet sein. Natürlich verändert uns das Leiden in unserer Identität, und natürlich können wir uns das Leiden nicht aussuchen; das ist sozusagen Teil der Natur von Leiden, das es über uns hereinbricht, ohne uns zu fragen. Aber wir können doch – gerade weil Leiden uns zu einem Innehalten zwingt – stehenbleiben und uns nach den Gründen des Leidens fragen. Wenn ich daran leide, dass einem anderen etwas Gutes widerfahren ist, so ist das eine Frage der Ethik des Leidens. Was soll ich an meinen Einstellungen und Überzeugungen aktiv und entschlossen verändern, um diese unrechte Form des Leidens in den Griff zu bekommen? Wenn ich daran leide, dass meine Lieblingsmannschaft nicht die Meisterschaft gewonnen hat, und sich dieses Leiden darin äußert, dass mein Umgang mit Menschen misanthropisch wird – muss ich dann nicht über meine Prioritäten nachdenken? Diese Dinge sind nicht aus der Luft gegriffen. In der Glücksforschung hat sich immer wieder gezeigt, dass Menschen von solchen Nebenschauplätzen wie der Leistung der lokalen Fußballmannschaft mehr in ihrem subjektiven Wohlbefinden beeinflusst sind als durch die großen Parameter wie Arbeitslosigkeit oder Armut oder Umweltzerstörung.

Eine Ethik des Leidens wird also die Frage nach den Gründen des Leidens, dem Gegenstand des Leidens und dem Ausdruck des Leidens stellen. Woran leidest du wie und warum? Es gibt hier drei Eintrittsstellen, an denen wir ethische Fragen anbringen können: (i) Der Gegenstand des Leidens kann irrig sein. Wenn ein Mensch darunter leidet, dass er nicht als Popstar berühmt geworden ist, so sind ethische Fragen an Lebensprioritäten erlaubt. (ii) Die Gründe des Leidens können irrig sein. Wenn ich leide, weil ich wehleidig bin und stets im Modus der narzisstischen Kränkung operiere, weil ich schnell gekränkt bin oder weil ich sonst wie mit Überempfindlichkeiten („Idiosynkrasien") ausgestattet bin, so werden Anfragen an meine Gründe für mein Leiden erlaubt sein. (iii) Der Ausdruck meines Leidens kann irrig sein Wenn ich an einem beruflichen Rückschlag leide und im Zuge dessen meinen kleinen Kindern Angst mache, indem ich ständig von Suizid spreche oder aus dem Schmerz der Frustration heraus ständig meine Beherrschung verliere, dann verfehle ich mich in meinen Verpflichtungen gegenüber meinen Kindern und leide auf ethisch nicht akzeptable Weise.

Eine „Ethik des Leidens" ist also nicht abwegig. Das Leiden kann dann als eine Kunst verstanden werden, am rechten Gegenstand, mit rechten Gründen und in der rechten Art und Weise zu leiden. Zugegeben, das klingt jetzt fast abartig, als ob man „Seminare über das rechte Leiden" anbieten könnte. Versuchen wir es mit einem weniger verfänglichen Begriff: dem Begriff der Leidensfähigkeit. Eine Ethik des Leidens wird sich um eine Kultivierung der Leidensfähigkeit bemühen. Leidensfähigkeit ist die Fähigkeit, trotz des Leidens „Ja" zum Leben sagen zu können; oder auch: durch das Leben „Ja" zum Leiden sagen zu können; oder auch: durch das Leiden nicht nur von den höheren Gütern, die man in seinem Leben verfolgt, nicht abgebracht zu werden, sondern diese Güter aufgrund des Leidens noch entschlossener anzustreben. Leidensfähigkeit ist die Fähigkeit, trotz Widrigkeiten weiterzugehen auf einem Lebensweg des Wachstums und der Menschlichkeit. Eine Fähigkeit ist allgemein gesagt ein Vermögen, eine gewünschte Veränderung herbeizuführen. Eine Fähigkeit zu besitzen bedeutet, die Macht zu haben, eine Situation zu verändern. Menschliche Leidensfähigkeit ist zunächst die Fähigkeit, selbst verändert zu werden. Das ist im Kontext einer Spaßgesellschaft nicht selbstverständlich. Es ist auch nicht selbstverständlich im Kontext einer Anspruchsgesellschaft. Und es ist auch nicht selbstverständlich im Kontext einer liberalen Gesellschaft, die Autonomie und Souveränität im Entscheiden und Handeln ins Zentrum rückt. Leidensfähigkeit bedeutet aber auch fähig zu sein, Gegenstand, Grund und Form des Leidens zu prägen; also nicht nur passiv als Opfer in der Ecke zu liegen und Leiden zu empfangen, sondern auch im Leiden den gestaltenden Part nicht aufzugeben. Leidensfähigkeit ist damit auch die Fähigkeit, in einer Leidenssituation Entscheidungsfähigkeiten nicht aufzugeben.

Wenn man sich überlegt, was für „gutes Leiden", also für ein Leiden, das „Ja" zum Leben sagen lässt und den Menschen nicht bricht und zerbricht, notwendig ist, dann könnten vier Grundfähigkeiten ins Auge springen:

– Die Fähigkeit zur Sprache – wie kann ich Leiden mitteilen und ausdrücken?

– Die Fähigkeit zum Zuhören – was will das Leiden mir sagen?

– Die Fähigkeit der Reduktion – wie kann ich mit weniger gut leben?

– Die Fähigkeit zum Neuanfang – wie kann ich auf neue Weise ich selbst sein?

Sehen wir uns diese vier Grundeigenschaften von Leidensfähigkeit in aller Kürze an: (i) Eine Sprache finden: Leidensfähigkeit ist mit der Fähigkeit verbunden, Leiden auszudrücken, Leiden auch mitzuteilen. Überlebende des Konzentrationslagers berichteten von einem Albtraum, dass ihnen nach der Rückkehr niemand glaubte, dass sie also nicht erzählen konnten von dem, was geschehen war. Die Wahrheits- und Versöhnungskommission in Südafrika gab den Opfern des Regimes, die Fürchterliches mitgemacht hatten, zunächst und vor allem einen geschützten Raum, um ihre Geschichte zu erzählen. Eine Sprache für das Leiden zu finden macht Leiden zu einem geteilten; zu einer Sorge einer Gemeinschaft. Ähnlich wie wir Menschen nicht im Sterben allein sein wollen, wollen wir auch in Leid und Schmerz nicht alleine sein. Hier soll man die Kraft der Poesie nicht unterschätzen. Es ist ein wichtiger Schritt auf dem Weg zum Gestaltungsspielraum und auf dem Weg zu einem neuen Miteinander in einer Leidenssituation, wenn wir eine Sprache für das Leiden finden. Der irische Dichter Micheal O'Siadhail hat in seinem Gedichtband *The Gossamer Wall* Gedichte „in witness to the holocaust", „im Zeugnis über den Holocaust" versammelt. Er hat nach jahrelangen Recherchen über die Atrozitäten dieser Zeit nach sprachlichem Ausdruck für unaussprechliches Leid und unausdrückbare Unmenschlichkeit gesucht. O'Siadhail beschreibt in einem Gedicht „Faces" („Gesichter") die Vergasung von achthundert jungen Frauen aus Salonica:

Tread the barefoot floor to a shower-room.
Friedländer, Berenstein, Menasche, Blum.

Each someone's fondled face. A named few.
Did they hold hands the moment they knew?[9]

Betreten den barfüßigen Boden hin zu einem Duschraum.
Friedländer, Berenstein, Menasche, Blum.
Jede jemandes liebkostes Gesicht. Wenige mit Namen.
Haben sie sich an den Händen gehalten, als sie es wussten?

In seinem Gedicht „Cataclysm" („Kataklysmus") denkt Micheal O'Siadhail darüber nach, welche Ängste wir sowohl erinnern als auch vergessen müssen. Er spricht über den Vulkan in uns. Er vergleicht unsere Situation mit der des schlafenden Vesuvs, der einst Pompeji unter sich begraben hatte. Und doch ein neuer Anfang. Eine neue Landschaft. Kann die Sonne auch die sauersten Trauben süßen?

Ludwig Wittgenstein hat einmal geschrieben, dass es darum gehe, „das erlösende Wort" zu finden. Diese Suche nach dem erlösenden Wort begleitet auch das Werk des Dichters. Sprachliche Ermächtigung zeigt sich als Weg zum Umgang mit dem Leiden, denn auch nach Auschwitz sind Gedichte zu schreiben, gerade nach Auschwitz, wie Micheal O'Siadhail einmahnt.[10] Wenn Menschen leiden, ist Sprache ein Segen – weil sie Mitteilbarkeit und damit Gemeinschaft schafft; weil sie Ausdruck und damit Ventil ist; weil sie Einordnung und Abstand ermöglicht.

(ii) Eine zweite Grundfähigkeit der Leidensfähigkeit ist die Fähigkeit des Zuhörens; sie ist entscheidend, um mit Leiden zurechtzukommen. Was will das Leiden mir sagen? Diese Bereitschaft des Hörens verlangt nach Stille und Offenheit, nach Ruhe und Distanz. Wir müssen, wie wir in den vorhergehenden Abschnitten gesehen haben, dem eigenen Leid, der Trauer und dem Schmerz auch Raum geben; nicht ausweichen und nicht verdrängen. Es ist Zeichen von Reife, Leiden nicht auszuweichen. Gordon Livingstone, der seinen sechs Jahre alten Sohn an Leukämie verloren hat, sagt lapidar: „Vielleicht verhält es sich so mit unwiderbringlichem

Verlust – du schaust ihn von jedem erdenklichen Winkel aus an, und dann trägst du ihn wie eine schwere Last".[11] Leidensfähigkeit schließt die Bereitschaft ein, dem Leiden Raum und Zeit zuzugestehen. Wir müssen viele Tränen weinen, um unsere Toten zur Ruhe betten zu können. Wir müssen viele Tränen weinen, wenn wir Abschied nehmen – um auch das zu ehren, was wir verloren haben. Wir müssen „Hörerinnen und Hörer des Leidens" sein; die Sprache erlernen, in der das Leben im Leid zu uns spricht. Tatsächlich mag das wie das Erlernen einer Fremdsprache sein.

(iii) Die Fähigkeit des Weniger ist eine dritte Grundfähigkeit im Leiden. Leiden ist eine Form der Einschränkung. Wie kann man mit einem eingeschränkten Spielraum dennoch „Ja" zum Leben sagen? Hier kann der berühmte Brief an das Volk im Exil, der sich im Buch Jeremia findet, helfen. Wir haben eingangs davon gesprochen, dass eine Leidenserfahrung mit einer Exilserfahrung verglichen werden kann. Wie kann man mit einer Exilsituation gut umgehen? Jeremia gibt folgende Antwort – er wendet sich im Namen Gottes in einem Brief an die Verbannten, die von Jerusalem ins Exil nach Babel verschleppt wurden. Und inmitten der Exilsituation lautet die kraftvolle Botschaft: „Baut Häuser, und wohnt darin; pflanzt Gärten und esst ihre Früchte! Nehmt euch Frauen, und zeugt Söhne und Töchter ... Bemüht euch um das Wohl der Stadt, in die ich euch weggeführt habe, und betet für sie zum Herrn; denn in ihrem Wohl liegt euer Wohl ... Denn ich, ich kenne meine Pläne, die ich für euch habe – Spruch des Herrn –, Pläne des Heils und nicht des Unheils; denn ich will euch eine Zukunft und eine Hoffnung geben" (Jer 29,5–7;11). Das ist eine bemerkenswerte Einladung! Es ist eine Einladung, Heimat zu finden im Exil, mitten im Exil zu wachsen und zu pflanzen; und auch betende Sorge für den Ort des Exils zu übernehmen. Was bedeutet das für eine Leidenssituation? Es ist wohl die Einladung, „Ja" zum Leiden zu sagen. Es ist die Einladung, das Leiden in das eigene Leben zu integrieren und in der eigenen Identität nicht zu zerbrechen – aus dem „Weniger" durch Tiefe mehr zu machen. Eben dies ist ja auch das Geheimnis gelingender Reduktion: Am Wesentlichen festhalten und mit weniger – weil es kostbarer ist – weiter zu kommen. Leidensfähigkeit ist eng verbunden mit der Fähigkeit zur Reduktion, zur Einschränkung, zum Zurückbauen, zum Schrumpfen durch Wachstum nach innen. Menschliches Altern beispielsweise gelingt als ein Prozess, der „Ja" zum Leben sagen lässt, dann, wenn die äußeren Werte durch innere Werte abgelöst werden und dadurch die Einschränkung an Lebenshorizont, an Wirkkreis, an Handlungsspielraum nicht als beengend, sondern als befreiend erlebt werden kann – weil die Einschränkungen eine neue „Freiheit für das Wesentliche" ermöglichen können.

(iv) Die Fähigkeit zu einem Neuanfang: Leidensfähigkeit schließt die Fähigkeit ein, sich neu zu orientieren, Lebenssicherheit zurückzugewinnen; einen Alltag aufzubauen und an ein Leben anzuknüpfen, das „Normalität" und „Alltäglichkeit" kennt. Man könnte schließlich auf den Gedanken kommen, dass es im Umgang mit dem Leiden um zwei Dinge geht – einerseits um das „Verflüssigen" von Leiden, also um das Bauen an möglichen Welten mit Hilfe der Vorstellungskraft; um das Arbeiten an Beweglichkeit, die sich gegen Lähmung und Erstarrung und Versteinerung zur Wehr setzt; es geht darum, im Inneren lebendig zu bleiben, auf das zu schauen, was intakt ist, was Gründe für Dankbarkeit nahelegt. Hier kann es auch hilfreich für ein „Leben im Fluss" sein, für andere Menschen zu beten, nicht immer nur auf das eigene Leiden zu schauen. Und andererseits geht es darum, das Leiden zu „befestigen", also etwa einer Krankheit Raum, Ruhe, Zeit und Stabilität zu geben; im Gebet nach dem festen Fundament des Lebens auszuholen; sich Ziele zu setzen: Petra Kunter, das krebskranke Mädchen aus Südtirol, hat kurz vor ihrem Tod von ihrem Umgang mit der Krankheit erzählt – auf die Frage, ob sie immer schon so gläubig war, antwortete sie: „Nein, das nicht; vor allem durch die Krankheit geht es in die Tiefe, weil man dann etwas losläßt, und man braucht dann etwas Festes, woran man sich klammern kann; und dieses Feste kann man auf dieser Welt nicht finden, da muss man weiter greifen weiter ausgreifen ..."[12] Das ist ein „Befestigen" des Leidens, das dann nicht uferlos wird, zu einem unförmigen Monster, das alles Leben, wie es war, verschlingt, so wie das Nichts in Michael Endes *Unendlicher Geschichte* alles verschlingt und in ein schwarzes Loch fallen lässt. Das Leiden will nicht nur verflüssigt, sondern auch befestigt werden.

Auf diese Weise kann man sich dem Begriff der Leidensfähigkeit schrittweise annähern. Diese Überlegungen sollen nicht nahelegen, dass Leidenssituation vollständig in Situationen verwandelt werden können, die wir kontrollieren könnten. Es geht um die Suche nach dem Sinn von Leiden: Wenn wir uns dazu entschließen, den Sinn nicht als „funktionalen" oder als „intrinsischen" Sinn aufzufassen, dann kann die Frage nach dem Sinn des Leids nicht die Suche nach Eigenschaften sein, die in einer Leidenssituation liegen; sondern der Akzent liegt auf dem Umgang mit dem Leiden, auf Einstellungen und Handlungen. Der Sinn von Leid liegt nicht im Leiden wie die Auflösung eines Kreuzworträtsels im Rätsel selbst liegt, sozusagen unabhängig von der Person, die das Rätsel löst. Der Sinn des Leidens „liegt nicht vor", ist nicht Bestandteil oder Zutat oder Eigenschaft der Leidenssituation – nein, der Sinn des Leidens „kommt hinzu", ist Ausdruck von Werten und Einstellungen, Ausdruck der Leidensfähigkeit, der Fähigkeit also, mit Sinn und Kraft nicht nur trotz, sondern auch aufgrund des Leidens leben zu können.

CLEMENS SEDMAK

Das Leben wählen –
Dankbarkeit und Hoffnung

*L*EBEN UND TOD HABE ICH DIR VOR AUGEN GESTELLT, damit du das Leben wählst" (Dtn 30,19).

Es ist gut, sich auf die Seite des Lebens zu stellen. „Denn Gott hat den Tod nicht gemacht und hat keine Freude am Untergang der Lebenden" (Weish 1,13).

Leben kann ein ungeahntes Wunder sein, das sich Bahn bricht, vielleicht mit einer Heftigkeit, wie sie Antoine de Saint-Exupéry in seinem *Flug nach Arras* beschreibt: „Es ist, als ob mir mein Leben mit jeder Sekunde neu geschenkt würde. Als ob mir mein Leben mit jeder Sekunde fühlbarer würde. Ich lebe. Ich bin am Leben. Ich bin noch am Leben. Ich bleibe immer am Leben. Die Trunkenheit des Lebens kommt über mich ..."

Die Rückkehr kann aber auch behutsam und mit großer Vorsicht erfolgen, als würde man dem neuen Leben noch nicht trauen. Vielleicht ist es ein Schneeglöckchen, das mitten in der Jännerkälte gewachsen ist, der Morgengesang einer Amsel, wenn es leise anfängt zu tagen, ein freundlicher Gruß, ein Lächeln, das uns eine Unbekannte im Vorbeigehen schenkt, und plötzlich ist das Gefühl wieder da, das so lange unter der Trauer verschüttet war: Es ist gut zu leben.

Mit Dietrich Bonhoeffer gesagt: „Es gibt ein erfülltes Leben trotz vieler unerfüllter Wünsche", und der Spötter Thomas Bernhard meinte es wohl nicht anders, wenn er schreibt: „Einmal am Tag freut man sich, dass man am Leben ist, das ist ein unwahrscheinliches Kapital".

Leben ist ein Geschenk, und alles, was letztlich zählt und wichtig war, ist nicht von menschlicher Hand gemacht. Wenn wir alledem, was uns tagtäglich zuteil wird, mit Achtsamkeit begegnen, und nicht verlernt haben, über die kleinen und großen Wunder zu staunen, ergibt sich die Dankbarkeit gegenüber dem Leben und dem, der uns dies alles schenkt, von selbst.

Mascha Kaléko hat das in einem fröhlichen Gedicht beschrieben, wie sich Staunen über scheinbar alltägliche Dinge, die doch so besonders sind, mit Lebensfreude und Dankbarkeit wie selbstverständlich verbinden:

> ... Ich freu mich, dass der Mond am Himmel steht
> und dass die Sonne täglich neu aufgeht.
> Dass Herbst dem Sommer folgt und Lenz dem Winter,
> gefällt mir wohl. Da steckt ein Sinn dahinter,
> wenn auch die Neunmalklugen ihn nicht sehn.
> Man kann nicht alles mit dem Kopf versteh'n!
> Ich freue mich. Das ist des Lebens Sinn.
> Ich freue mich vor allem, dass ich bin ...

Und sie schreibt weiter, dass es Tage gibt, an denen man die Leiter, die von der Erde in den Himmel führt, mit Leichtigkeit erklettert (eine Anspielung an Jakobs Traum von der Himmelsleiter), dass man an solchen Tagen den Nächsten richtig lieben kann, weil man sich selber liebt und

> Ich freue mich, dass ich mich an das Schöne
> und an das Wunder niemals ganz gewöhne.
> Dass alles so erstaunlich bleibt und neu ...

Mit offenen Augen, Ohren und Herzen durch die Welt zu gehen und die „alltäglichen Wunder" nicht für selbstverständlich zu nehmen, das wäre wohl ein Weg, tagtäglich Freude zu gewinnen. Für jede unerwartete Begegnung, die uns bereichert, dankbar zu sein und sich im Hinblick auf das eigene Leben manchmal an den Psalm 103 zu erinnern: „... und vergiss nicht, was er dir Gutes getan hat ... der dich dein Leben lang mit seinen Gaben sättigt ..." (Ps 103,2.5).

Das „Sich-wieder-freuen-Können" bedeutet freilich nicht, dass die Trauer ganz überwunden wäre, das seelische Gleichgewicht bleibt fragil, ein bestimmter Geruch, ein Musikstück können genügen, und alle Erinnerungen sind wieder da und mit ihnen auch der Schmerz über den Verlust. Die Lücke, die ein lieber Mensch nach seinem Tod hinterlässt, bleibt unausgefüllt, und vielleicht liegt es gerade an dieser Lücke, wie Dietrich Bonhoeffer meint, dass wir mit dem Verstorbenen in Verbindung bleiben.

Was also könnte es neben der Freude und dem Staunen über die kleinen Wunder unseres Alltags sein, das uns dazu verhilft, nach einem schweren Verlust das Leben wieder lieben zu lernen, geglückte Tage zu erleben, dankbar zu sein, dass es so ist, wie es ist?

Freundschaften zählen jedenfalls dazu. Freundschaften sind etwas Wunderbares – sie tragen uns durch Trauer und Verzweiflung, und wenn wir glücklich sind, verdoppeln sie unser Glück. Lebenslang gepflegte Freundschaften bereichern uns stets aufs neue, geben uns Halt und Heimat, lehren uns, dankbar zu sein für Vertrautheit und menschliche Nähe. Manchmal geschieht es auch, dass sich eine beglückende Freundschaft noch im späten Leben fügt, dass sie wächst und wächst und daraus ein Bäumchen mit ganz tiefen Wurzeln wird. Solch ein unerwartetes Glück geht wohl einher mit einer besonders innigen Dankbarkeit.

Freundschaften haben eine nur ihnen eigene Zärtlichkeit, sie ist eine andere als zwischen Ehepartnern oder zwischen Eltern und Kindern. Das macht sie so besonders und so kostbar.

Auf Dauer und Beständigkeit gebaut, brauchen sie Pflege und Zeit.

Zeit zu haben ist in unserer Hochgeschwindigkeitsgesellschaft ein seltenes Gut. Im *Kleinen Prinzen* von Antoine de Saint-Exupéry können wir nachlesen, dass die Menschen keine Zeit mehr haben, irgend etwas kennenzulernen, sich alles fertig in den Geschäften kaufen wollen, und „weil es keine Kaufläden für Freunde gibt, haben die Leute keine Freunde mehr." Es ist eine berührende Geschichte, wie der kleine Prinz und der Fuchs sich näherkommen und miteinander „vertraut" werden. Aus diesem Vertraut-Sein erwächst dann auch Verantwortung. „Du bist zeitlebens für das verantwortlich, was du dir vertraut gemacht hast …"

Tiefe Gedanken über die Freundschaft hat auch Pater Georg Sporschill SJ niedergeschrieben. Sein segensreiches Wirken für Straßenkinder in Rumänien, für Waisenkinder und arme alte Leute in Moldawien hat das Wachsen von Freundschaften wohl besonders begünstigt.

„Ich finde viele äußere Voraussetzungen", schreibt er in seinem Buch *Die zweite Meile*, „die es verständlich machen, dass plötzlich eine Bindung entstanden ist, die nicht mehr rückgängig gemacht werden kann, die in sich steht und selbstverständlich ist, aus der man nicht mehr herauskommt, die da ist, die mich trägt, an der ich nicht mehr zweifeln kann. An der ich leide, wenn etwas nicht stimmt, von der ich aber weiß, dass sie nie mehr aufgebbar ist … In der Bindung ist für mich das Wunder sichtbar, das etwas anderes ist als das Zusammensein alle Tage des Lebens. In der Bindung liegt etwas vom Unendlichen, Ewigen …"[1]

Freundschaften, die behutsam wachsen, aber schließlich fest verwurzelt sind, überstehen Stürme und Phasen längerer Abwesenheit. Die Rückkehr ist wie ein Heimkommen, alle Wärme ist wieder da, und es bedarf nicht vieler Worte.

Wir alle brauchen Freundschaften, wenn unser Leben glücken soll. Eine echte Freundschaft, die sich auch in den dunklen Zeiten des Lebens bewährt, ist aber, trotz aller Bemühungen, sie lebendigzuerhalten, im Letzten immer ein Geschenk.

„Du musst wieder unter die Leute gehen …" Dieser Ratschlag, um wieder in das sogenannte normale Leben zurückzukehren, ist tatsächlich ein wichtiger Schritt auf dem Weg nach oben. Erfüllt von Trauer ziehen wir uns zurück, wollen allein sein mit unseren Gedanken an den geliebten Toten, hoffen wohl auch, ihm dadurch näher zu sein und in diesem Zustand der Nähe bleiben zu können, was auf Dauer freilich nicht gelingt.

Wieder Menschen und Gemeinschaft zu suchen, setzt Aktivität voraus, und es ist gut, diese mit dem Wunsch zu verbinden, etwas für andere zu tun. Der Mensch kann nur in der Begegnung mit anderen Menschen leben, und Menschsein heißt auch, die Not der anderen wahrzunehmen. Wenn wir durch das Leid, das wir selbst erfahren haben, in unserer Menschlichkeit wachsen und empfindsam werden für die Not des Nächsten, werden wir vieles finden, wofür der Einsatz sich lohnt.

Noch immer gehen Menschen von Jerusalem nach Jericho und fallen unter die Räuber, warten darauf, dass jemand stehenbleibt, die Wunden verbindet und die Tränen trocknet.

„Nächstenliebe beginnt heute" lesen wir bei Mutter Teresa. „Heute leidet jemand, heute ist jemand auf der Straße, heute hat jemand Hunger. Heute müssen wir uns einsetzen." Nächstenliebe beginnt jeden Morgen neu.

Die allmähliche Rückkehr ins Leben mit Hilfe sozialer, kirchlicher oder anderer sinnvoller Tätigkeiten können wir bei vielen Witwen beobachten. Sie entwickeln im Laufe der Zeit eine gewisse Gelassenheit und innere Freiheit und sind zu einem großen Engagement außerhalb ihrer Eigeninteressen fähig.

Die Auswahl an ehrenamtlicher Tätigkeit ist fast unübersehbar, so viele Hände werden gebraucht, so viele Talente benötigt, damit unsere Gemeinschaft lebendig bleibt. Wichtig ist es, in Ruhe abzuklären, was Freude machen könnte und den eigenen Fähigkeiten entspricht. Was mit Freude geschieht, gelingt auch; etwas zu tun, was man wirklich, wirklich will (Frithjof Bergmann), wärmt die Seele. „Man bekommt so viel zurück", sagen die „Ehrenamtlichen" häufig. Das ist eine tiefe Wahrheit.

Es kommt nicht so sehr darauf an, welche Tätigkeiten nun tatsächlich gemacht werden, auch die Mithilfe bei einem Flohmarkt kann Freude bringen, wenn am Ende eine stattliche Summe für ein soziales Projekt zusammenkommt. Ehrenamtliche Tätigkeiten bringen neue soziale Kontakte, oftmals mit Frauen, die ein ähnliches Schicksal erlitten haben, Witwen, die den Schmerz über den Verlust des Partners mit einem „Ja" zum Leben verbinden.

Das Leben geht weiter …

Unmittelbar nach dem Tod eines geliebten Menschen und noch lange danach tut es schrecklich weh, diesen Satz hören zu müssen. Das Leben soll nicht weitergehen, wer trauert, will kein anderer Mensch werden, der es fertigbringt, ohne den geliebten Partner zu leben. Aber eines Tages, viel, viel später, vernimmt man plötzlich ein Kinderlachen, als hörte man es zum ersten Mal. So ein Lachen kann die Seele tatsächlich aus ihrer Erstarrung holen. Mit Kindern geht das Leben weiter, eigene Kinder sind ein Geschenk, für das wir nicht genug dankbar sein können, und unsere liebende Sorge endet ja nicht, sobald sie erwachsen sind. Wir haben sie uns vertraut gemacht, und sie bleiben unsere „Kinder", nicht im Sinne von Einengung und Festhalten, sie müssen selbst ihren Weg finden, aber es ist doch eine ganz innige Bindung, die ein Leben lang hält. Kinder sind etwas vom Allerschönsten, und sie können uns nach dem Verlust des Partners – sie selbst haben ja den Vater verloren – soviel Kraft und neue Lebensfreude schenken.

Ein besonderes Glück, das Menschen im späteren Leben zuteil werden kann, sind Enkelkinder. Sie sind eine ganz neue Erfahrung, berührend und beglückend. „Enkelkindertage" sind Tage voll Sonnenschein, Fröhlichkeit und Überraschungen. Für Enkelkinder kann man sich viel Zeit nehmen, viel mehr, als man für die eigenen Kinder hatte, und man muss sie auch nicht im eigentlichen Sinn erziehen, es genügt, den Rahmen abzustecken, wohin es gehen soll.

Kinder lieben Großeltern.

Auch meine Enkelkinder mögen mich, und ich liebe sie von ganzem Herzen. Eine Beschreibung, wie sie mich sehen, könnte etwa sein: Die Oma ist schon ziemlich alt (alle Omas sind für ihre Enkel alt), aber sie macht mit uns lustige Spiele, und es ist auch fein, bei ihr zu übernachten. Sie kocht anders als Mama, bitte und danke zu sagen ist ihr sehr wichtig, wir dürfen uns aber vieles wünschen. Sie kennt schöne Märchen und erzählt uns Geschichten aus der Zeit, als sie noch jung war. Das muss sehr lange her sein ...

Kleine Kinder haben eine ganz natürliche Beziehung zum Tod. Aus dem Mund meiner sechsjährigen Enkelin klingt das dann so: „Wenn ich einmal eine Mama oder Oma bin, dann bist du schon gestorben, weil Omas leben nicht mehr lange ..."

Enkelkinder muss man einfach lieben, sie sind ein Segen. Mit ihrer Lebensfreude und Anhänglichkeit gleichen sie die Sehnsucht nach Zärtlichkeit, die nach dem Tod des Partners manchmal schmerzlich ist, zwar nicht aus, aber sie vermindern sie um vieles.

Manchmal überlege ich mir, wie das wohl gekommen wäre, hätte mein erstes Enkelkind überlebt. Den Wunsch nach zwei Kindern haben viele Ehepaare, und nun kam nach Stephanie noch Johannes, die Verdoppelung des Glücks. Wo wäre er geblieben? Dann denke ich an die Aussage einer Mutter mit sieben Kindern, als man sie fragte, ob in der heutigen Zeit weniger Kinder nicht auch ausreichend gewesen wären, und sie schlicht und einfach erwiderte: „Welches nicht?" Schöner kann man es wohl nicht sagen.

Sich selbst ab und zu etwas Gutes zu tun, verschönt auch das „neue Leben". Wer zu sich selbst nicht gut ist, kann es auch schwerlich zu seinem Nächsten sein.

Inzwischen macht es mir nichts mehr aus, allein spazieren-zugehen, überall in der Natur entdecke ich Wunder. Vor allem liebe ich den Frühling, wenn nach der Starre des Winters das Blühen beginnt, das „nicht enden will", und dass sich nun

„alles, alles wenden" muss, wie es in Ludwig Uhlands „Frühlingsglaube" heißt.

Auch Konzert- oder Opernbesuche erfreuen mich, weil ich die Musik sehr liebe. Musik gehört zum Leben. Sie hebt uns über das Grau des Alltags hinaus, ist etwas Wunderbares, sie tröstet und erfreut uns, ist genau so, wie es das schöne Schubertlied „An die Musik" mit dem Text von Franz Schober ausdrückt:

Du holde Kunst in wie viel grauen Stunden
wo mich des Lebens wilder Kreis umstrickt,
hast du mein Herz zu warmer Lieb' entzunden,
hast mich in eine bess're Welt entrückt ...

Was ich mir wünsche – es gäbe bei Opern und Konzerten keine Pausen. Sie allein zu verbringen, stimmt mich traurig. Alleine nach Hause zu gehen ist dagegen schön, dann klingt die Musik in mir weiter, und kein Gespräch überdeckt sie.

Auch Vorträge und Vorlesungen besuche ich gerne. Mit Vorbedacht ausgewählt, können es beglückende Abende und Vormittage sein – ich bin begierig, Neues zu erfahren, es gibt so vieles, was mich interessiert, wie ein Schwamm sauge ich all das ausgewählte Schöne und Interessante auf, und es gibt auch keine Pausen, in der mir das Alleinsein bewusst werden könnte.

Mit der neuen Freude am Leben wächst auch die Dankbarkeit, dass alles noch einmal gut geworden ist. Wenn es stimmt, dass nicht die Glücklichen dankbar, sondern die Dankbaren glücklich sind, dann besteht zwischen dem Überwinden von Leid und Trauer, dem neuen Ja zum Leben und der Dankbarkeit wohl ein enger Zusammenhang. Wie viele Menschen gibt es doch, deren Leben besonders leidvoll war, die aber für das Gute, das ihnen ebenso zuteil wurde, eine staunenswerte Dankbarkeit an den Tag legten, in ihren Büchern, bei Vorträgen, in Interviews.

Ein schönes Beispiel für eine tief berührende Dankbarkeit nach leidvollen Jahren durch den Nationalsozialismus ist die Vorrede Max Ophüls' (1902–1957) zu seiner Hörspieladaptierung von Goethes *Novelle*.

Der berühmte Theater- und Filmregisseur, an dessen Namen ein alljährliches Filmfestival in Saarbrücken und ein renommierter Filmpreis für junge Regisseure erinnern, überlebte den Holocaust im Exil in den USA, nachdem er aus Frankreich in die Schweiz und wieder zurück nach Frankreich geflüchtet war, entwurzelt und verzweifelt.[2]

„Ich habe mich an die ‚Novelle' nur herangewagt aus Dankbarkeit" schreibt Max Ophüls. Während einer schlaflosen Nacht in Hollywood las er erstmals Goethes *Novelle,* dieses Plädoyer für die Kraft der Liebe gegen Krieg und Grausamkeiten. Der Text wurde für ihn zur „Erlösung", obwohl Europa brannte und er nichts von seinen Freunden und Verwandten wusste, nicht wusste, ob sie in den Konzentrationslagern oder als Soldaten umgekommen waren. Aus Dankbarkeit für dieses Gefühl der Hoffnung, dass am Ende die Liebe siegt, nahm er sich vor, die *Novelle* für ein Hörspiel einzurichten, obwohl keineswegs sicher war, ob er jemals wieder nach Deutschland kommen oder es für ihn einen Sender geben würde, dies zu verwirklichen. Und er begann noch in dieser Nacht mit Notizen.

1953 wird die Hoffnung aus der Zeit des Exils Wirklichkeit, wird im SWF Baden-Baden die *Novelle* als Hörspiel unter der Regie von Max Ophüls mit illustren Schauspielern und Schauspielerinnen produziert: Oskar Werner als Erzähler in der Hauptrolle, Käthe Gold, Willi Birgel, Therese Giehse … Ein wunderbares Stück, das noch heute beeindruckt, und es ist mitsamt der Vorrede, gesprochen von Max Ophüls, als CD verfügbar. Nicht ohne Rührung hört man die warme, dunkle Stimme des längst verstorbenen Künstlers, der vom Schmerz der Heimatlosigkeit erzählt, der Dankbarkeit für seine Rückkehr und dass sich alles in seinem neuen Leben zum Guten fügte.

Dankbarkeit für ein erfülltes Leben mit allen Höhen und Tiefen – da stellt sich dann auch die Frage, wie ein Leben zu leben sei, damit es zu einem guten Tod führt. Sich vertraut machen mit „Freund Hein", die Kunst des Sterbens allmählich und schon mitten im Leben zu lernen, sollte uns nichts von unserer Lebensfreude nehmen.

Es gibt es einen berührenden und oft zitierten Brief von Wolfgang Amadeus Mozart, den der damals einunddreißigjährige Komponist am 4. April 1787 an seinen Vater Leopold schrieb:

> *Da der Tod … der wahre Endzweck unsres Lebens ist, so habe ich mich seit ein paar Jahren mit diesem wahren, besten Freunde des Menschen so bekannt gemacht, dass sein Bild nicht alleine nichts Schreckendes mehr für mich hat, sondern recht viel Beruhigendes und Tröstendes! Ich lege mich nie zu Bette, ohne zu bedenken, dass ich vielleicht (so jung als ich bin) den andern Tag nicht mehr sein werde, und es wird doch kein Mensch von allen die mich kennen, sagen können, dass ich im Umgange mürrisch oder traurig wäre. Und für diese Glückseligkeit danke ich alle Tage meinem Schöpfer und wünsche sie vom Herzen jedem meiner Mitmenschen.*[3]

„Wo mag der Tod mein Herz lassen?" fragt Else Lasker-Schüler in ihrem Gedicht „Die Liebe", Christine Busta schreibt: „Was werden wir sein in hundert Jahren? Der Erde vermählt und Gott anvertraut", und Rainer Maria Rilke meint, dass nichts dem Zufall überlassen ist:

> *Wir alle fallen. Diese Hand da fällt.*
> *Und sieh dir andre an: es ist in allen.*
> *Und doch ist Einer, welcher dieses Fallen*
> *unendlich sanft in seinen Händen hält.*

Es gäbe der Beispiele, der tiefen Gedanken und schönen Worte so viele.

Was für mich wichtig ist: dankbar zu sein für das Leben, seine Schönheit und seine Wärme, die Zuversicht nicht wegzuwerfen (Hebr 10,35), auf die „unendlich sanften Hände" hoffen und versuchen, ein liebevoller Mensch zu sein. Liebe ist das Einzige, was zählt.

CHRISTINE UNTERRAINER

Leiden, Reife und Mysterium

NÄHERN WIR UNS DEM MYSTERIUM DES LEIDENS
mit einer Geschichte an:

Es war einmal ein ehrgeiziger Mönch, der ging zu seinem Meister und sagte: „Ich suche das Heil. Ich möchte das Heil finden, was soll ich tun?" Der Meister sagte: „Du musst das Licht sehen." Der Mönch überlegte und sagte: „Ah, ich verstehe!", zog sich in die Bibliothek zurück und las alles, was es dort zu lesen gab. Wochenlang las er religiöse Bücher, geistliche Texte, heilige Schriften, mystische Zeugnisse, tiefe Einsichten. Er bekam Kopfschmerzen, Augenschmerzen, Rückenschmerzen und konnte nicht mehr weiterlesen. So ging er zurück zum Meister und sagte ihm. „Ich habe gelesen und gelesen und gelesen. Ich habe studiert. Und studiert. Das hat nicht geholfen. Ich suche das Heil. Ich möchte das Heil finden, was soll ich tun?" Wieder sagte der Meister: „Du musst das Licht sehen". Der Mönch überlegte und sagte: „Ah, ich verstehe!", machte sich auf und bestieg den höchsten Berg. Er war viele Tage und Wochen unterwegs. Es war anstrengend und schweißtreibend, und er erlebte den Sonnenaufgang auf dem Gipfel. Kurze Zeit war er von Glück erfüllt. Dann merkte er, wie ihn seine Beine schmerzten, wie sein Herz raste, wie seine Lunge keuchte. Er nahm all seine Kraft zusammen und hinkte und humpelte ins Kloster zurück. Völlig ausgelaugt sagte er zum Meister: „Ich bin gewandert und geklettert und gestiegen. Bis zum höchsten Gipfel. Das hat nicht geholfen. Ich suche das Heil. Ich möchte das Heil finden. Was soll ich tun?" Wieder sagte der Meister: „Du musst das Licht sehen!" Der Mönch schaute ihn an, und jetzt dämmerte es ihm. Nun verstand er endlich. Er tat, was Mönche tun, er zog sich in die Meditation zurück. Er meditierte, zog sich in sich zurück, meditierte, atmete und meditierte, tagelang, wochenlang. Irgendwann wurde ihm

langweilig, irgendwann fühle er sich so leer, dass er plat-
zen konnte, irgendwann konnte er nicht mehr sitzen. Er war
enttäuscht, er war wütend, er war traurig. Er kam richtig
zornig zum Meister zurück: „Ich habe alles gegeben, bin in
mich gegangen, habe dort alles gelesen, habe dort jeden Berg
bestiegen, habe dort das Heil gesucht. Es hat nicht geholfen,
ich gebe auf. Ich kann es nicht, ich werde das Kloster verlas-
sen." Der Meister lächelte. „Das ist gut", sagte der Meister,
„jetzt ist es in dir finster." Der Mönch sah ihn verständnislos
und zornig an. Der Meister fuhr lächelnd fort: „Du musst
das Licht sehen. Wusstest du nicht, dass du das Licht nur in
der Dunkelheit sehen kannst?"

Die Suche nach dem Sinn von Leiden ist mit der Hoffnung auf
die Fruchtbarkeit des Leidens verbunden. Die gute Frucht, die
menschlichem Leiden entspringen kann, rechtfertigt das Leiden nicht; aber sie gibt Anlass zur Hoffnung, dass auch, wie
es im Buch Jesaja heißt, Berge zu Wegen werden (Jes 49,11)
und Krummes gerade und Unheilvolles heilbringend. Gleichzeitig ist das Leiden der Preis, der für manche Kostbarkeit zu
bezahlen ist. Die Kostbarkeit des Wachstums ist verbunden
mit Veränderungen, die durchaus schmerzhaft sein können.
Die Kostbarkeit von Erfolg ist in der Regel mit Arbeit und
Anstrengung verbunden. Die Kostbarkeit der Liebe geht mit
Verwundbarkeit einher, so dass unsere engsten und wichtigsten Beziehungen Quellen und Orte von Geborgenheit, Vertrauen und Schutz, aber gerade deswegen auch Räume und
Wurzeln von Verwundungen, Verletzungen und Schmerzen
sein können. Die Kostbarkeit des angesprochenen Anstren-
gungsglücks oder Redlichkeitsglücks geht einher mit Erfahrungen von Leiden. Leiden, so wie es der Mönch in unserer
Geschichte erfahren hat, geht einher mit einer neuen Offenheit – einer neuen Offenheit auf das Wesentliche hin. Diese
leidbedingte Offenheit ergibt sich aus der Unberechenbarkeit
und Unabschließbarkeit des Leidens, aber auch daraus, dass
wir in einer Leidenssituation gezwungen sind, umzudenken.

Ein ernsthaftes Leben

Wir könnten uns deswegen fragen, inwieweit das menschliche Leiden nicht auch zur Tiefe des menschlichen Lebens beiträgt. Menschliches Leiden ist Teil des Mysteriums des Lebens. Das Leben ist ein Mysterium, wir wissen nicht, woher wir kommen, wir wissen nicht, wohin wir gehen. Wir kennen nur winzige Ausschnitte aus dem Kosmos, und auch diese nur in kleinen Fragmenten. Selbst ein Schmetterling birgt noch viele Rätsel und Geheimnisse! Das Leben ist ein Mysterium, weil wir mit Unwägbarkeiten, mit Brüchen, mit Unabschließbarem konfrontiert werden. Der Lebensweg ist nicht klar vorgezeichnet, das Buch des Lebens nicht käuflich und nicht vor Beginn des Lebens festzuschreiben; der Lebensbaum wächst nicht regelmäßig und berechenbar. Ein Begriff, der mit hilfreich sein könnte, wenn man über das menschliche Leben nachdenkt, ist der Begriff der „Lebenstiefe". Lebenstiefe ergibt sich aus den Bindungen, die ein Mensch eingeht, erfährt und einzugehen bereit ist; ein Leben hat Tiefe, wenn es eine Richtung aufweist, so dass viel Kraft und Entschlossenheit, viele Bindungen und Entscheidungen in dieselbe Richtung gehen – gleich einem Graben oder Bohren, das in die Tiefe geht, oder gleich der steten Bewegung des Wassers, das einen Stein aushöhlen kann. Ein Leben hat Tiefe, wenn diese Kraft und diese Bindungen mit Intensität in diese eine Richtung eingesetzt werden. Während sich Lebensstandard aus den äußeren Gütern und Lebensqualität aus dem Wohlbefinden und dem Lebensglück speisen, speist sich die Lebenstiefe aus den Bindungen. Diese Bindungen verleihen Identität. Diese Bindungen sorgen dafür, dass nicht alle Erfahrungen auf derselben Ebene liegen, dass es eben nicht gleich-gültig ist, wie man lebt und was man erfährt. Identitätsstiftende Bindungen sorgen dafür, dass wir wissen, wer wir sind, aber gerade deswegen sind wir auch verwundbar. Wir bauen ein „Selbst" auf, das gerade, wenn es aufgebaut ist, zur Leidensfähigkeit führt. Es ist, so scheint es, Teil eines erfüllten menschlichen Lebens, wenn Identität nicht in den Schoß fällt, sondern auch „erlitten" wird; wenn wir in unserem Leben Werte identifizieren, für die wir bereit sind, auch einen Preis zu zahlen. Alan Paton hat in seinem Roman *Ah, But Your Land is Beautiful* einen jungen Südafrikaner während des Apartheidregimes beschrieben, der sich politisch engagiert, wohl wissend um die Gefahren, die ein solches Engagement mit sich bringt. Er sagt den Seinen: „Ich sorge mich nicht um die Wunden. Wenn ich dort hinaufkomme, was ich vorhabe, wird der Große Richter mich fragen: Wo sind deine Wunden? Und wenn ich sage, Ich habe keine, dann wird er sagen: Gab es nichts, das es wert war, dafür zu kämpfen? Ich könnte diese Frage nicht ertragen."[1] Wenn wir ein Leben mit Tiefe führen wollen, gehen wir Bindungen ein, für die wir uns dann auch in unserem Leben und mit unserem Leben einsetzen. Ich möchte den polnischen Kinderarzt Janusz Korczak genau in diesem Sinne verstehen, der einmal davon geschrieben hat, kein leichtes Leben haben zu wollen; sondern: ein schweres Leben; aber nützlich, würdig und schön. Das Leben dieses Mannes hatte diese Tiefe, diese Nützlichkeit, diese Würde und diese Schönheit. Er hat mit seinen Kindern im Warschauer Ghetto gelitten, ist dann mit den Kindern im Konzentrationslager ermordet worden. Ein Leben mit Tiefe zeichnet sich nicht durch Leiden und Schmerz aus, aber doch durch die Bereitschaft, Leid um eines Gutes willen auf sich zu nehmen. Dazu muss man aber Werte und Güter als solche erkannt haben. Und aus diesem Grund führt ein Leben mit Lebenstiefe häufig in Leidenssituationen hinein.

Lebenstiefe unterscheidet sich von Lebensstandard und Lebensqualität gerade dadurch, dass wir es hier nicht mit „Lebensglück", sondern mit „Lebensdienst" zu tun haben. Ein Leben, das dient und Frucht bringt, wird Hindernissen nicht ausweichen und deswegen auch nicht den Weg des geringsten Widerstands gehen, sondern wird um der erkannten und anerkannten Güter und Werte willen auch

Widrigkeiten auf sich nehmen und durchzustehen suchen. Ein Mensch, der liebt, erfährt in seinem Leben „Tiefe" und gerade dadurch Eintrittsstellen für Leiden und Schmerzen. Wenn wir einen Menschen verlieren, verlieren wir tatsächlich „ein Stück von uns", und zwar nicht einfach ein Stück, das austauschbar wäre und das man einfach nachkaufen könnte, sondern ein Stück, das uns zu dem gemacht hat, was wir sind. Aus diesem Grund erinnert uns Darian Leader daran, dass wir unterscheiden müssen – die Frage, wen wir verloren haben, von der Frage, was wir durch den Verlust verloren haben.[2] Wenn eine Frau ihren geliebten Mann verliert, dann verliert sie auch sich – und leidet, weil ihr eine Wesensveränderung abverlangt wird. Wir könnten es auch so ausdrücken: Wenn man liebt, leidet man; und Leiden ist wiederum nur erträglich in der Liebe. Das ist vielleicht der Zusammenhang zwischen dem Kreuz und dem Leben. Jeder Mensch, der ein ernsthaftes Leben führt, in dem es „um etwas" geht, in dem es also einen Unterschied macht, wie das Leben gelebt wird, hat ein Kreuz zu tragen. Das Kreuz der Enttäuschungen, das Kreuz der Verluste, das Kreuz des Alterns – und in diesem Kreuz liegt insofern Leben, als das Kreuz dem Leben Konturen und Tiefe verleihen kann. Ein Mensch, der nie auf Widrigkeiten stößt und mit faltenfreier Jugendlichkeit durchs Leben läuft, ein Mensch, der sich weigert, erwachsen zu werden – ein solcher Mensch mag unterhaltsam und sympathisch sein, aber nicht: weise, reif und tief. Peter Pan und Pippi Langstrumpf sind wunderbare Gestalten; aber diese Gestalten stoßen an Grenzen, wenn wir auf das Kreuz des Lebens treffen. Ein Mensch, der wächst und reift, leidet nicht zuletzt auch an sich selbst. Diese Einsicht findet sich immer wieder in der altchristlichen Literatur: Eine tiefe Einsicht in die eigene Fehlbarkeit und in das eigene Fehlen ist denjenigen gegeben, die an sich arbeiten und um Wachstum ringen. Oder anders gesagt, wie es C. S. Lewis einmal ausgedrückt hat: „In unseren Sünden und in unserer Dummheit können wir friedlich schlafen."

Ein ernsthaftes Leben ist ein Leben, in dem etwas auf dem Spiel steht – und das gerade deswegen nicht nur Spiel ist. Ein ernsthaftes Leben weist eine plastische Landschaft von Gütern und Werten auf, die nicht alle auf derselben Ebene liegen. Ein ernsthaftes Leben ist einem gleichgültigen Leben ebenso entgegengesetzt wie einem Leben, das nicht „Sinn", sondern „Spaß" aufsucht. Wir könnten uns die Frage stellen, inwieweit ein Leben mit Tiefe von Leidenssituationen getrennt werden kann. Nehmen wir ein unschuldiges Beispiel, um diesem Punkt nachzugehen: Der englische Dirigent Benjamin Zander berichtet von einer Erfahrung aus seiner Studienzeit: „Mein Lehrer, der große Cellist Gaspar Cassadó, pflegte zu uns Studierenden zu sagen: ‚Ihr tut mir so leid; euer Leben ist so einfach. Du kannst keine große Musik machen, bevor dein Herz nicht gebrochen wurde.'"[3] Im selben Atemzug erwähnt Zander einen jungen Tenor, der sich im Rahmen des Einstudierens von Schuberts Winterreise dem Dirigenten anvertraute; seine Freundin hatte ihn verlassen, und er war so verzweifelt, dass er nicht gut spielen konnte. „Ich tröstete ihn", schreibt Zander, „aber der Lehrer in mir war heimlich entzückt." Denn nun würde der Tenor in der Lage sein, die entsprechende Leidenschaft in das Stück zu legen, das ja auch den Verlust eines geliebten Menschen ausdrücken sollte. Ein ernsthaftes Leben zwingt uns in Entscheidungssituationen; zwingt uns dazu, über uns nachzudenken. Vielleicht kommen wir nicht durch ein komfortables Leben dazu, unser wahres Selbst kennenzulernen. So gesehen hängen „Reife" und der Umgang mit Leidenssituationen miteinander zusammen. Erik Erikson hat in seinen Studien zur Identität bekanntlich die achte Stufe mit dem Stichwort „Integration" überschrieben. Der reife Mensch integriert seine Erfahrungen, auch den Schmerz und auch die Niederlagen, das Scheitern wie die Vielfalt des eigenen Seins und Erlebens. Reifung ist verbunden mit Orientierungswissen und Weisheit; mit einer Haltung von Entschiedenheit und Versöhntheit gegenüber der Welt und den eigenen Erfahrungen. Ein reifer Mensch hat Entscheidungen getroffen, sich für Bindungen entschieden und diese denn auch mit starker Sorge durchgetragen und ihnen erlaubt, die eigene Identität zu formen. Ein reifer Mensch hat Werte auch durchlitten.

Hier kann man an eine kleine Schrift aus dem 4. Jahrhundert denken. Gregor von Nyssa hat in seinen *Acht Homilien über die acht Seligkeiten* über die Traurigkeit nachgedacht. Trauer ist eine trübe Stimmung der Seele, hervorgerufen durch den Verlust eines geliebten Gegenstandes. Hier stellt sich die entscheidende Frage: Was ist ein wahres Gut? Ein reifer Mensch hat Antworten auf diese Frage gefunden und die Bereitschaft gezeigt, sein Leben nach dieser Antwort auszurichten. Echte Trauer, so lehrt Gregor, ist verbunden mit der Sehnsucht nach dem rechten Gut. Es geht also um die echte Trauer, um die rechte Trauer. Ein Mensch, der nicht die Gabe der Traurigkeit hat, würde nach dem Verständnis von Gregor an einem bestimmten Mangel an Lebenstiefe leiden. Diese Lebenstiefe ist es auch, die nach Gregor dem tiefen Menschen beschieden ist – denn die Trauernden werden, wie es ja in der einschlägigen Seligpreisung heißt, „getröstet" werden; und der Trost entspringt der Gemeinschaft mit dem Tröster. So zeigt sich die Reife eines Menschen in der Bereitschaft zur Trauer wie auch in der Bereitschaft zum Trost.

Der leidende Mensch

Jesus war kein leidender Mensch; er war ein Mensch, der gelitten hat. Der leidende Mensch ist der Mensch, der belastet ist und das Heilsversprechen Jesu braucht, der die einlädt, die beladen sind. Der leidende Mensch büßt Souveränität und Autonomie ein. Er steht an einer Schwelle, er braucht Geduld – Geduld mit sich selbst und mit der eigenen Leidenssituation; aber auch die Geduld derjenigen, die mit ihm im Leben unterwegs sind. Geduld und Duldsamkeit sind die

Bereitschaft, etwas geschehen zu lassen, sich einem fremden Rhythmus anzupassen, das Heft des Handelns nicht um jeden Preis in der Hand behalten zu wollen. Wenn ein Mensch leidet, dann leidet er nicht als isoliertes „Individuum", sondern als Person, die durch Bindungen zu einem besonderen Menschen geworden ist. Der Mensch ist Person – und damit eingebunden in eine Landschaft von Zugehörigkeiten und Angehörigkeiten. Lebenstiefe besteht dann durchaus darin, „jemand besonderer" zu sein. Hier könnten wir über folgende Sätze nachdenken: „Ich verliere meine Würde nicht, wenn ich eine Bettpfanne brauche, aber meine Würde wird verleugnet, wenn ich mich dafür schämen muss"; „Ich verliere meine Würde nicht, wenn du mich pflegen musst, aber meine Würde wird verleugnet, wenn diese Pflege als individuelle, finanzielle und strukturelle Belastung vermittelt wird". Der Mensch als Person will besonderer Mensch bleiben.

Der leidende Mensch bedarf eines geschützten Raumes, der Sicherheit bietet; er bedarf des Versuchs, an Normalität anzuknüpfen und wieder Alltag zu etablieren; er bedarf schließlich gewisser Grundhaltungen. Eine amerikanische Studie unter Patientinnen und Patienten mit der Frage, welchen Umgang sie als leidende wünschen, hat folgende Hinweise gebracht: Nimm dir Zeit und lass dir Zeit, wenn du mit mir umgehst! Streng dich an und bemühe dich um Aufmerksamkeit! Behandle mich als Person und Mensch und nicht als Routinefall! Sei realistisch und mach keine leeren Versprechungen! Sprich mit mir über meinen Schmerz! Bleibe ruhig! Ignoriere mich und meinen Schmerz nicht! Verurteile mich nicht, wenn ich Zeichen von Selbstmitleid zeige!

Hier sehen wir, dass eine „Ethik des Leidens" gerade auch eine soziale Frage ist, eine Frage nach der Art von Gemeinschaft, die wir bilden. Es ist entscheidend für die Beurteilung einer Gemeinschaft, wenn wir uns die Frage stellen: Wie geht diese Gemeinschaft mit Leidenden um, wie verhält sie sich zum Leid?

Das Mysterium des Leidens

Das Leiden bleibt ein Geheimnis, ein Mysterium. Wenn wir das Wort „Mysterium" verwenden, so ist das nicht eine Art intellektueller Kapitulation, sondern bedeutet, dass uns einiges über den Gegenstand, von dem wir sagen, dass er ein Mysterium darstellt, klargeworden ist. Leidensfähigkeit ist mit der Fähigkeit verbunden, mit Unauflösbarem und Offenem zu leben und auch mit der Fähigkeit, mit „Weniger" Fülle zu erleben. Es ist ein Mysterium, warum ein bestimmter Mensch in bestimmter Weise leiden muss – leiden darf? Petra Kuntner hat in einem Brief an eine an Krebs erkrankte Mitpatientin, geschrieben im April 1986 einen Monat vor ihrem Tod, versprochen, für die Frau zu beten, „dass Sie das Kreuz, welches Sie tragen müssen (dürfen) in Liebe und Geduld auf sich nehmen."[4] Es ist ein Mysterium, Leiden als ein Geschenk sehen zu können, ohne es zu verherrlichen oder als „Wert in sich" anzusehen. Petra Kuntner hat von ihren inneren Konflikten und ihrem Ringen erzählt und auch von ihrem Gedankengang: „Dann habe ich mir gedacht: Leiden, das kann sicher nichts Schlechtes sein, denn sonst hätte Gott seinen eigenen Sohn nicht so leiden lassen."[5] Diese Antwort ist keine Antwort, sie weist auf ein Mysterium hin. Der Glaube an die Kraft des Gebets leidender Opfer ist auch ein solches Mysterium. Einen Hinweis auf das Mysterium bietet auch der Satz „Ich suche stets das Ja Gottes in seinen vielen Neins." Es ist die Bereitschaft, sich auf das Mysterium des Unauflösbaren einzulassen. Es ist eine besondere Aufgabe, ohne Antworten leben zu lernen – mit einem Grundvertrauen, das nicht restlos und flächendeckend von Analyse und Beweis, Einsicht und Begründung gestützt ist.

Das Mysterium des Lebens zeigt sich schließlich am deutlichsten an den Grenzen, auf die wir stoßen. Wenn wir an das definitive Ende stoßen, werden wir mit etwas erfüllt, das man „Pietät" nennt, eine Form von Scheu angesichts von Heiligem. Heilig ist das, was unzerstörbar und unberührbar ist, was sich dem manipulativen Zugriff entzieht. Vor einem definitiven Ende sehen wir uns mit wenigstens vier Dimensionen konfrontiert: der Unwiederbringlichkeit des Geschehenen; der Gleichheit, die damit verbunden ist, da wir als Menschen alle samt und sonders einem definitiven Ende entgegengehen; der Offenheit, da wir alle nicht wissen, ob es jenseits der Schwelle, die der Tod uns setzt, ein „Weitergehen" gibt; der Erhabenheit, die bedeutet, dass wir vor etwas stehen, das größer ist, als wir es sind.

Diese „heilige Scheu" empfinden wir, wenn wir auf das Leiden Jesu blicken. Jesus sagt uns durch das Zeugnis seines Lebens viel über das rechte Leiden: Jesus sucht das Leiden nicht und hat den größten Teil seines Lebens in Verborgenheit und Alltäglichkeit gelebt; Jesus bereitet sich mit schmerzhafter Entsagung auf seinen öffentlichen Dienst vor; Jesus vermittelt eine frohe Botschaft des Heils, begleitet von Heilungen – damit ist auch gesagt, dass Jesus nicht Leiden als „Wert an sich" an sieht, sondern als Einladungen und Gelegenheiten zur Liebe; Jesus zieht seine Jünger nicht in sein Leiden hinein; er hat den Mut, auch in seinem Leiden „Ich" zu sagen; er heilt mitten in seinem Leiden (das abgeschlagene Ohr des Malchus); er stiftet in seinem Sterben neue Identität – und vertraut seine Mutter seinem Lieblingsjünger an. Dieses Vertrauen, dieses Anvertrauen ist das, was bleibt; wenn alles andere (Güter, körperliche Gesundheit, Geisteskraft) geschwunden sind. Das Bleibende stiftet stets die Liebe.

CLEMENS SEDMAK

Anmerkungen

Leiden – Annäherung an einen Begriff

1   A. Frenes (Hg.), Spuren eines jungen Lebens. Katechetisches Amt der Diözese Bozen-Brixen. O. J., S. 27.

2   Vgl. I. Wilkinson, Suffering. A sociological introduction. Cambridge 2005, S. 18.

3   George Steiner, Wir alle sind Gäste des Lebens und der Wahrheit. FAZ Feuilleton, 31. Mai 2003, S. 39.

4   Cyrill von Jerusalem, Katechesen an die Täuflinge XVIII, 20.

5   Spuren eines jungen Lebens (wie Anm. 1), S. 9.

6   I. Kant, Anthropologie in pragmatischer Hinsicht. Buch II, Abschnitt A, § 57 (I. Kant, Werkausgabe. Hg. W. Weischedel. Band XII. Frankfurt/Main 1964), S. 550 f.

7   Vgl. A. Kothgasser, C. Sedmak, Quellen des Glücks. Von der Kunst des guten Lebens. Innsbruck 2009, S. 12–15.

8   C. S. Lewis, A Grief Observed. London 1966 (1961), S. 29 f.

9   Vgl. D. Kahn, R, Steeves, An Understanding of Suffering Ground in Clinical Practice and Research. In: B. Rolling Ferrell (ed.), Suffering. London 1996, S. 3–28.

10   M. Jackson, The Prose of Suffering and the Practice of Silence. Spiritus 4 (2004) S. 44–59.

Gesichter des Leidens

1   J. Glover, Humanity. A Moral History of the 20th Century. London 1999.

2   S. Sontag, On Photography. New York 1979, S. 19 f.

3   Moralischer Kitsch ist die Darstellung von Leiden, die rührt und Sentimentalität hervorruft, aber gerade deswegen nicht das Leben anstößt – A. Margalit, Menschenwürde zwischen Kitsch und Vergötterung. In: O. Neumaier et al. (Hgg.), Gerechtigkeit. Auf der Suche nach einem Gleichgewicht. Frankfurt/Main 2005, S. 13–32.

4   A. Assmann, Funktionsgedächtnis und Speichergedächtnis – zwei Modi der Erinnerung. In: K. Platt/M. Dabag (Hgg.), Generation und Gedächtnis. Opladen 1995, S. 169–185.

5   Th. Buergenthal, Ein Glückskind. Frankfurt/Main 2008, S. 12.

6   J. M. Coetzee, Der Junge. Eine afrikanische Kindheit. Frankfurt/Main ⁵2003, S. 186 f.

7   Ebd., S. 188.

8   Ebd., S. 192.

9   „in mourning, we grieve the dead; in melancholia, we die with them" (Darian Leader, The New Black: Mourning, Melancholia and Depression, London 2007, S. 8).

10   L. Genova, Mein Leben ohne Gestern. Bergisch Gladbach 2009, S. 308 f.

11   Ebd., S. 274–278.

Verlieren in einer Erfolgsgesellschaft: die sogenannten Niederlagen des Lebens

1   J. Grisham, Der Coach. München 2005, S. 163 f.

2   J. Locke, Versuch über den menschlichen Verstand. Buch 2, Kapitel 21, § 47.

3   Sinngemäß: 84. Homilie, 3–4.

4   Aristoteles, Rhetorik I,9,1366b11 ff.; Nikomachische Ethik III,12,1117a32 ff.

5   Thomas von Aquin, Summa II-II, qq. 123–140.

6   Siehe vorhergehendes Kapitel, Anm. 5.

7   Montaigne, Essais, 2. Buch Nr. 27.

Der verdrängte Tod

1   Killmeyer, Franz: Friedhöfe in Wien. Mit einem Text von Hans Weigel. Wien 1986, S. 5.

2   Stecher, Reinhold: Der Rosenkranz. Ein kleines Plädoyer. Innsbruck 2. Aufl. 2006, S. 4 f.

3   Zaisberger, Friederike / Reinhard Heinisch (Hrsg.), Leben über den Tod hinaus … Prominente im Salzburger Kommunalfriedhof. Salzburg 2006, ist ein liebevoll ausgestattetes informatives Buch, ein zuverlässiger Begleiter für Friedhofswanderer und Salzburgliebhaber.

Der Verlust des Partners

1   Voss-Eiser, Mechtild (Hrsg.): „Noch einmal sprechen von der Wärme des Lebens …" Texte aus der Erfahrung von Trauernden. Freiburg 1997, S. 118.

2   Gansterer, Helmut A.: Darf man per E-M@il kondolieren? Der Knigge des 21. Jahrhunderts. Wien 2007.

3   Zink, Jörg: Trauer hat heilende Kraft. Stuttgart 1999, S. 18.

4   Käßmann, Margot: Mit Herzen, Mund und Händen. Spiritualität im Alltag leben. Gütersloh 2007, S. 183.

5   Schwarz, Andrea: Du Gott des Weges segne uns. Gebete und Meditationen. Freiburg 2008, S. 35.

6   Philipe, Anne: Nur einen Seufzer lang. Reinbek bei Hamburg 2000.

7   Zitate nach: Lohner, Marlene: Was willst du, du lebst. Trauer und Selbstfindung in Texten von Marie Luise Kaschnitz. Frankfurt a. M. 1991, hier S. 154.

8   Kaschnitz, Marie Luise: Dein Schweigen – meine Stimme. Gedichte 1958–1961. Hamburg 1962.

9   Anne Philipe erhielt bald nach Erscheinen des Buches den angesehenen „Prix de l'Humanité". Mitglieder der Jury waren zu diesem Zeitpunkt u. a. Louis Aragon, Michel Butor und Jean-Paul Sartre. In der Flut von Trauerliteratur ist dieses Bändchen noch immer anrührend und besonders, auch nach über 40 Jahren. Erst 2006 wurde darüber eine germanistische Studienarbeit an der Technischen Universität Darmstadt geschrieben: Nicole Borchert: Die Phasen der Trauer bei Anne Philipe „Nur einen Seufzer lang".

10   Rey, Karl Guido: Wenn ein Mann trauert. Der Weg der Liebe durch Abschied und Tod. Freiburg 2006; Didion, Joan: Das Jahr magischen Denkens. Berlin 2008. Das Buch wird in den Vereinigten Staaten ein Bestseller und mit dem National Book Award ausgezeichnet. Später, nach anfänglichem Zögern, geht Joan Didion auf den Vorschlag ein, eine Bühnenadaption mit unverändertem Titel zu schreiben, ein Einpersonenstück, das im März 2007 am Broadway mit der großen englischen Schauspielerin Vanessa Redgrave erfolgreich uraufgeführt wird. Ein Jahr später wird Redgrave mit diesem berührenden Monolog bei den Salzburger Festspielen gefeiert.

11   Schwarz, Andrea: Eigentlich ist Ostern ganz anders. Hoffnungstexte. Freiburg 2009, S. 85.

12   Schwarz, wie Anm. 5, S. 150.

Zeit für meine Trauer

1   Basierend auf dem Roman *Bruges la Morte* von Georges Rodenbach sollte die Oper zunächst „Triumph des Lebens" heißen, aber Rechtsprobleme führten dazu, dass dieser Titel fallengelassen wurde.

2   Nach Lohner, wie Anm. 7 im vorigen Kapitel, S. 107.

3   Georg Schwikart, Trauerredner und behutsamer Begleiter von Trauernden, hat ein schönes Buch über den Umgang mit Tod und

Abschied geschrieben: Niemand geht ohne Spuren. Mit dem Tod leben. Freiburg 2000, eine Sammlung von berührenden Episoden und Geschichten über den Tod und trauernde Menschen.

Kindertotenlieder

1   Vgl. Leitner, Thea: Habsburgs verkaufte Töchter. München 10. Aufl. 2002, S. 200.

2   Nach: Meyer, Gerhard: Gustav Mahler: Kindertotenlieder. Informationen und didaktische Hinweise. www.schulmusik-online. de/anlagen/swr/mahlerkindertotenlieder.pdf (3.April 2008), S. 2.

3   Ziegler, Jean: Wie kommt der Hunger in die Welt? Ein Gespräch mit meinem Sohn. München 2000, S. 36.

4   Schwarz, wie Anm. 12 im Kap. „Der Verlust des Partners", S. 78.

5   Jonas, Robert A.: Rebecca: A Father's Journey from Grief to Gratitude. New York 1996.

6   Greber, Wolfgang: Anna. In: Die Presse/Spectrum vom 27.9.2008, S. 1f.

7   Hinsberger, Gisela: Weil es dich gibt. Aufzeichnungen über das Leben mit meinem behinderten Kind. Freiburg 2007.

8   Schwarz, wie Anm. 12 im Kap. „Der Verlust des Partners", S. 78f.

9   Nach: Spink, Kathryn: Jean Vanier und die Arche. Innsbruck 2008, S. 112.

10   Schwarz, wie Anm. 12 im Kap. „Der Verlust des Partners", S. 79.

Die Suche nach dem Sinn von Leid

1   Glover, wie Anm. 1 im 2. Kapitel.

2   Aldous Huxley, Schöne Neue Welt. Frankfurt/Main 2007; Julian Barnes, Kapitel „The Dream". In: A History of the World in 10 ½ Chapters. London 1989.

3   D. Eagleman, Sum. Forty tales from the afterlives. Edinburgh 2009, S. 42.

4   C. Warner / D. Schmincke, High Altitude Leadership. San Francisco 2009, S. 77.

5   T. Yamamoto, Hagakure. Der Weg des Samurai. München ³2008, S. 33.

6   Aristoteles, Rhetorik 1385b ff.

7   Jacob Hacker, Learning from Defeat? British Journal of Political Science 31,1 (2001) S. 61–94.

8 Vgl. H. Frankfurt, The Importance of What We Care About. Cambridge [14]2007, S. 80 ff.

9 M. O'Siadhail, The Gossamer Wall. Poems in Witness to the Holocaust. Tarset 2002, S. 122.

10 Ebd., S. 120: „That any poem after Auschwitz is obscene? / Covenants of silence so broken between us / Can we still promise or trust what we mean? // Even in the dark of earth, seeds will swell. / All the interweavings and fulness of being, / Nothing less may insure against our hell."

11 „Perhaps that's how it is with a permanent loss: you examine it from every angle you can think of and then just carry it like a weight" (G. Livingstone, Journey. In: H. DeWitt (Hg.), Sorrow's Company: Writers on Loss and Grief. Boston: Beacon Press 2001, S. 100–120).

12 Wie Anm. 1 im 1. Kapitel, S. 21.

Das Leben wählen – Dankbarkeit und Hoffnung

1 Sporschill, Georg: Die zweite Meile. Wien 2006, S. 198.

2 Vgl. Asper, Helmut G.: „... Ich glaubte, ich hörte Goethe selbst lesen." In: Fritz, Raimund (Hrsg.): Oskar Werner. Das Filmbuch. Wien 2002, S. 233–244.

3 Nohl, Ludwig: Mozarts Briefe nach den Originalen. Salzburg 1865, 6. Abt., 243.

Leiden, Reife und Mysterium

1 A. Paton, Ah, But Your Land Is Beautiful. New York 1996, S. 66 f.

2 „we have to distinguish *whom we have lost* from *what we have lost in them*" (Darian Leader, wie Anm. 9 im 2. Kapitel, S. 34).

3 R. M. Zander and B. Zander, The Art of Possibility. New York 2000, S. 31.

4 Wie Anm. 1 im 1. Kapitel, S. 45.

5 Ebd., S. 27.